▲ 저자 정영희 수필가와 남편 김동수 씨

▲ 사진설명

오른쪽부터 송 잔 정훈(사위 : 미 연방정부 상무부 계리사로 근무)
송 수잔 희정(따님 : 미 연방정부 법무부 변호사로 근무)
김동수 (정영희 수필가의 부군)
정영희(저자)
김 스티븐 준만 (아드님: 미 연방정부 법무부 검사로 근무)
김 메라니 상명 (며느님 : 미 연방정부 노동부 근무)

조선문학 수필선 · 6

사랑과 행복

Love and Happiness

정 영 희 수필집

A Collection of Essays By Chung Young Hi

조선문학사

글을 펴내며

이글이글 끓는 듯한 태양이 동녘에서 떠오를 때면 큰 기대를 가지고 지켜보고, 하루를 지나노라면 어느새 뉘엿뉘엿 맥없이 흐늘거리는 저녁 노을 바라보니 지나온 인생길이런가요!

처음 세상에 나올 때는 두 주먹 불끈 쥐고 무엇인가 해보겠다고 온 힘으로 세상을 향해 소리를 질러도 보았을텐데, 지금은 어느덧 이렇게 고희에 이르게 되니 몸도 마음도 지쳐있음일까요?

다행하게도 문학이라는 살아있는 예술이 내곁에 있어 마음을 정결하게 해주고 위로해주니 인생 여정 그렇게 삭막하지 않은 것 같아 점 하나 찍어놓고 떠나야 할 인생길이 즐거움이요, 보람이라 할 수 있겠고 행복함인것 같습니다.

여기 본인이 취미로 조금씩 써 모아 놓은 글들을 한권의 책으로 엮어 보았습니다. 30년이 넘게 결혼 정보회사를 운영해 오면서 많은 젊은이들의 사랑에 대해 방황(?)하는 모습을 보며, 나의 과거, 현재, 그리고 미래를 생각하며 본인의 사고를 적어 보았습니다.

시대가 어찌나 빨리 지나 가든지, 부모 세대에는 무엇을 어떻게 생각하며 살아왔나를 조금이라도 남기기 위해 영어로 번역하여 따라오는 세대에게 전하고자 하는 바람입니다.

한 페이지라도 읽고 생각 해 볼만한 내용이 있는 것을 느낀다면 크나큰 보람으로 간직하겠습니다.

이 작은 글모음을 한 권의 책으로 펴내는데 수고 해주시고 격려해 주시고 힘이 되어 주신 많은 문우분들게 심심한 감사의 말씀을 드립니다.

2012년 初春
정영희

추천의 글

글은 마음의 거울인 것입니다. 마음은 보이지 않지만 써놓은 글을 보면 거울에 비치는 그 사람의 마음의 얼굴을 보게 되는 것입니다.

저는 정영희 회장(워싱톤수필문학회 회장)을 1976년 펜실베니아주에 있을 때부터 알고 지내던 지인이었고 그 후 워싱톤에 와서 지금까지 그 가정이 겪어온 모든 어려운 일들, 그리고 두 남매가 다 장성하여 훌륭한 변호사로서 아름다운 가정을 이루어 자랑스럽게 살아가는 모든 과정에서 숨김 없이 함께 기도하고 어려운 일들을 나누었으므로 제 스스로는 그 분을 잘 안다고 생각하고 있었습니다.

그런데 한 2년 전 한국일보에 실린 한국『조선문학』신인상 수상작을 읽으면서 정영희 회장의 새로운 다른 얼굴을 보게 되었습니다. 그 후 계속해서 실리는 작품들을 대하면서 그의 내면에서 끊임없이 이민자로서 보람된 그리고 자녀 세대를 위하여 변하지 않는 가치를 그들 마음에 심어주고 싶은 간절한 소원으로 몸부림치는 모습을 느끼게 되었습니다. 아마 이것이 숨길 수 없는 인간의 정체성인 하나님의 형상이 그 속에 있기 때문이 아닌가 싶은 것입니다.

원래 이들 부부는 한국에서 부부 약사로서 성공적인 약국을 경영하고 있었는데 자녀들을 위하여 보다 나은 미래를 마련해 주고자하는 부모 세대의 희생의 마음에서 내린 결단으로 미국에 오셔서 이민 초기에 과감하게 미국 육군으로 입대하여 피눈물 나는 모든 훈련을 성공적으로 마치기까지 그 굴하지 아니하는 정신이 두 자녀들에게도 유전된 것 같이 여겨집니다. 그리고 그가 쓴 작품속에 그 정신이 스며들어 있는 것 같습니다.

파스칼의 "인간은 생각하는 갈대다. (Man is a reed, but he is a thinking reed)"라는 말과 같이 생각하는 것은 살아있다는 증거인 것입니다. 바른 생각이 바른 행동을 낳습니다. 그는 이 책을 내면서 "이 한편의 글이 부모 세대를 아는 계기가 되어 주었으면 하는 바람이랍니다."라고 저에게 겸허한 자세로 본인의 뜻을 전해왔습니다. 이와 같이 좋은 생각을 하면 가치있는 글이 강물처럼 흘러 다른 사람에게까지 영향을 미칠 수 있다는 것도 알게 되었습니다.

바라기는 이번 정영희 회장의 책이 많은 분들에게 공감이 가고 함께 밝은 이민 사회를 만들어가는 일에 한 불꽃이 되었으면 하는 소망이 있습니다.

감사합니다.

워싱톤중앙장로교회 원로목사
이원상(SEED선교회 국제대표) 드림

目 次

사랑과 결혼

사랑이란 두 글자는 쉽고도 어려운 단어다. 바다보다 넓고 하늘보다 높은 어머님의 사랑, 종의 도를 몸소 행하시며 피까지 흘리시어 우리의 죄를 깨끗이 씻어주시는 거룩하신 예수님의 사랑, 사랑은 감정으로만 되는 것이 아니라 행함으로 되는 것이다. "사랑은 오래 참고 사랑은 온유하며 교만하지 아니하며 무례히 행치 아니하며 자기에게 유익을 구치 아니하며 성내지 아니하며"라고 바울 사도는 가르친다.

당신의 파트너가 당신을 사랑하는지 어떤지는 그가 당신을 대하는 태도로 알 수 있다. 당신이 상대방 반려자의 감정은 알지 못하지만 그의 행동은 항상 관찰할 수 있기 때문이다. 그렇다. 사랑이 결혼의 선행조건이지만 그러나 그것은 감정만의 사랑이 아니라 행동이 있는 사랑이어야 한다.

결혼을 위해서는 반려자를 향하는 열정적이고 따뜻하고 정적인 느낌이 필요하다. 우리는 감정적인 피조물이다. 짜릿한 만족과 흥분은 좋은 것이다. 그러나 위대한 결혼은 그런 느낌 위에서만 결정되어서는 안된다. 결혼은 정적인 결정 뿐 아니라 이성적인 결정이 되어야 한다. 감정만으로는 문제가 있다. 감정과 이성이 함께하는 통찰력이 우리에겐 필요하다고 생각된다.

너희는 믿지 않는 자와 멍에를 같이 하지 말라. 의와 불법이 어찌 함께 하며 빛과 어둠이 어찌 사귈 수 있는가. 믿는자와 믿지 않는 자가 어찌 함께 할 수 있을까. 하지만 중앙결혼정보센터에서 소개한 어느 부부의 이야기다. 저에게 좋은 여자만 중매해주신다면 이 교회에 열심히 다니겠다고 목사님께 간절히 애원한 청년이 있었다.

우연히 그 청년은 저희 중앙결혼상담원에 가입되어 얌전하고 똑똑하며 성가대원으로 열심히 봉사하는 착실한 교인을 소개받아 결혼을 하였다. 얼마 후 그 청년은 그리스도인으로 변화되어 선교회 회장으로 선교단장으로 여러 선교지를 다니며 하나님의 말씀을 전하며 예수님의 사랑을 나누는 훌륭한 크리스찬이 되었다. 아들 3형제를 두었고 하나님의 가정으로 매우 행복하게 살고 있다.

불신자이든, 다른 종교인이든, 학벌과 빈부의 차이가 있어도, 가정환경이 좀 달라도, 외모가 좀 빠져도, 국적이 달라도 서로 사랑하게 되면 이해하게 되고, 융화되어 하나가 되고 싶어 하는 마음이 생겨서 공헌할 수 있다고 생각한다.

사랑은 자기의 유익을 구치 아니하고 교만하지 않고 감싸주며 포근한 마음으로 정을 주고 싶어 하는 마음이리라.

Love and Marriage

"LOVE" can be an easy or very complicated word to understand. A mother's love for her child can be as wide as the sea and as high as the heavens, while Jesus' love leads our way to God by His holy blood, which cleansed away our sins. I believe that love is best expressed not by simply having a feeling, but by doing an act of grace. As Apostle Paul teaches, "Love is patient, love is kind, it does not envy, it does not boast, it is not proud." Our love is expressed in our actions and attitudes.

You know whether and how much your partner loves you by his attitude and actions towards you. Although you may be able to sense his or her feelings, you know better by watching his daily activities. Yes, a feeling of love may be one of the reasons people get married, but it should be accompanied by acts generated from that love.

When considering marriage, a couple usually has passionate and warm emotional feelings towards each other. As human beings, we are emotional creatures. We desire emotional satisfaction and feelings of love, especially from our spouses. However, marriage should not be decided based on such feelings only. The marriage decision must not be based on the excitement of the moment only, but also by rational judgment. Problems can often occur if it is decided based only on a fleeting feeling. I encourage much discernment and wisdom when making this decision.

There is a saying that you should not share a burden with those who do not have a belief in God. Just as righteousness and sin cannot exist together, light and dark cannot coexist; and it is difficult to live together if the couple has different religious beliefs.

However, there is a beautiful story about a couple who came to Chung-Ang Marriage Center. A young man went to his church pastor and begged to be introduced to a nice woman for marriage and in exchange he would become a good Christian. He was rejected by the pastor, but soon he became a member of our Chung-Ang Marriage Center, and he was introduced to a smart and cute choir member of a church. They got married, and soon thereafter, he became a good Christian, a leader of a missionary team, and joined various missionary activities, teaching the love of God to his neighbors. He is presently enjoying a happy life with his wife and three boys.

I have no doubt that, although a couple may be from different religions, from different educational backgrounds, from rich or poor, from a noble or peasant family, or from different nationalities, a couples' deep love and trust for each other can certainly overcome their differences and bring their family true happiness and prosperity.

I also think that true love is not selfish, does not look for one's own benefit, or takes pride in oneself. Rather, it is embracing people, especially the poor and elderly, with our warm hearts and kind acts.

진실한 사랑

결혼을 하고 3년이 지난 어느 봄날, 남편의 제의에 따라 남편의 고향 공주를 방문했다. 여러가지 생각을 해보며 말로만 듣던 교육도시 공주라는 곳을 찾았다. 서울에서 자란 나로서는 별로 신기할 것도 주목할 것도 없는 삼면이 야산으로 둘러 싸여진 조그마한 도시였다. 남편은 무엇인지 열심히 설명을 해준다. 여기가 그 유명한 금강! 이 금강을 타고 내려가면 부여, 고란사까지도 간다는 것이며 무슨 행사가 있을 때면 이 거리를 따라 시내 한 바퀴를 행진하며 즐거운 시간들을 보낸 얘기하며, 조금은 흥분까지 한 듯한 어조로 열심히 설명을 해주던 생각이 난다.

고향! 고향은 이렇게 좋은 곳인가 보다 생각하며 여러 곳을 구경하고 산성공원이라는 산에 올라 보니 공주 시내가 한 눈에 들어왔다. 백제의 옛 고도답게 운치도, 아름다움도 있어 보였으며 옆으로 흐르는 금강 물은 역사의 산 증인인양, 도도히 흐르고 있었다.

금강도 강으로 남아있지만 조그마한 시냇물 같아서 이곳에서 초등학교 6학년 가을에 수학여행으로 120명 정도의 아이들이 한 배를 타고 부여 고란사 및 백마강까지 다녀왔다는 그 말이 어느 전설 속에 나오는 말같이 들렸다. 변하는 게 자연이요, 변화해서 진화해야 생존 할 수 있는 현실을 여기에서 다시 느꼈다.

그리 높지도 않은, 그리 넓지도 않은 산성공원. 가파른 절벽에 있는 곳도 없고, 그리 위험스러운 낭떠러지도 없다. 주위에 산들 또한 그렇다. 특별히 높은 산도, 툭 튀어나온 산도 없다. 그저 가까이에서 보면 어느 집 정원과도 같은 아름다운 풍경. 어느 곳에서 사슴 한 마리가 튀어나올듯한 조용하고 아름다운 풍경이었다. 이런 자연 속에서 생활을 하는 사람들이니 자연히 마음이 온순할 수밖에 없고 우정이 좋고 사랑에 약한 많은 사람들을 배출했나 보다.

공주 사람뿐만 아니라 충청도 사람들은 착하다고들 말한다. 대학 2학년 어느 추운 겨울 토요일 영화를 보러 가려고 광화문 P극장 앞에서 오후 2시에 약속을 했다.

그는 시간을 지켜 나갔는데 그날따라 어찌나 추운지 팔, 다리가 다 얼어붙는 줄 알았다고 한다. 그래도 나를 만난다는 즐거운 마음으로 극장 앞에서 기다리기 시작했단다.

물론 다방이나 식당에서 만나기로 했으면 좋았었겠지만 주머니 사정이 좋지 못해 극장 앞에서 약속을 했단다. 처음에는 마음이 설레고 추워도 추운 줄 모르고 발을 동동 구르며 손을 비벼가며 열심히 기다리는데 30분이 지나도 나오지 않았다. 조금 있으면 나오겠지 하고 한참 있다 시계를 보니 1시간이 지나갔더란다. 이쯤 되니 이제는 발이 시려운지 손이 차가운지 별 감각이 없었다고 한다. 그래도 조금 있으면 오겠지 하고 열심히 기다리다 보니 2시간 반이 지났다는 것이었다. 그때는 조금 마음이 달라지려고 하는데 저만큼에서 웃음을 띠우며 걸어오는 그녀의 얼굴을 보니 백 오십분을 기다리던 그 지루하고 춥던 마음은 다 녹아내리고 심장이 다시 쿵쿵 뛰는 것을 느꼈고 손발의 차가움은 전혀 느끼지를 못했다는 것이다.

나는 약속 시간을 2시간 30분이나 늦게 나갔으니 정말 못된 사람이었다. 그와 결혼한 이후 나도 그의 철저한 시간 관념을 배워 지금은 시간 잘 지키는 사람으로 손꼽힌다.

사랑은 역시 기다림이다. 사랑하며 기다리며, 기다리며 사랑하는 사람만이 소유할 수 있는 것이다. 그것이 값진 사랑이다. 자주적인 생각으로 사랑을 했고 합리적인 방법으로 사랑을 했으며 착한 생각으로 선한 사랑을 했으니 이것이 성실한 사랑이요, 우리에게는 진실한 사랑이다.

True Love

Three years after our marriage, my husband wanted to visit his home town in Kongjoo, Korea, and we made the trip on a warm spring day. I was curious to know what the educational city of Kongjoo looked like. Geographically, it was a small city surrounded by mountains and rivers. My husband was very busy explaining the details about the city, and I remember how excitedly he described the famous Keumgang River, the Keumgaabout beautiful old city of Buyeo, about parades marched down the road to Koransa (Buddist temple) during various celebrations.

Home town! We went up to a mountain called Sanseong Kongweon (park) and finally, Kongjoo was in our sights! There it was, displaying the beauty and prosperity of the ancient city during the Baekje Kingdom embracing the Keumgang River. The Keumgang, however, had now become a small stream, as if it had completely forgotten all the prosperity of the Baekje Kingdom. We both laughed a while when I heard that my husband's class students of about 120 had taken a boat and gone to Buyeo, Koransa and Baekmagang River for an educational tour during his 6th grade before graduation. He described it as if it had been a famous legend or fable. It dawned on me that nature changes us all, and we must evolve to survive.

The Sanseong Kongweon was neither high, nor wide, nor steep, nor with dangerous cliffs, and nearby mountains all looked alike. There were no high or steep mountains. They looked like beautiful gardens surrounding a home from which a deer might spring out. I thought to myself that this is probably the reason why people who live in this country were warm and friendly and why there were so many wise and lovely people who came from this town.

It is said that the people of Chungcheongdo (Province) have good personalities. One cold winter day, when we were still dating, my husband and I promised to meet in front of 'P' Theater located at Kwanghwamoon at 2pm. He arrived on time and waited for his friend in the cold weather. That day was so cold that he felt as if he could have frozen to death, but he waited and waited. He had to wait outside because he was not able to meet at a coffee shop or restaurant. He had waited for thirty minutes already, but his friend had not arrived. He waited longer, and his watch showed that one hour and thirty minutes had passed. He waited and waited another hour, when at last his friend appeared. He had waited a total of 150 minutes in the severe cold, to meet his girl friend. He said he had been so glad when he saw her coming that his heart was beating so fast and he did not notice his frozen arms and feet.

I had not been a good girl that day since I had made him wait outside for two hours and thirty minutes on one of the coldest days of the year. I learned from him that day that time is very valuable, and I became one of best time keepers after we got married.

'Love' means waiting. One who waits and loves, or one who loves and waits can obtain real happiness. I've loved freely, loved reasonably, and loved in the best way possible. That is 'True Love'.

연애편지

요구르트, 과일, 그리고 커피 한 잔으로 아침을 대신하여 현재의 내 모습과 얼마 전의 내 모습을 비교해 보았다. 먹고 싶은 것도 많고 먹어야 할 것도 많은데 마음대로 먹지 못하니 안타깝기만 하다. 먹으면 먹는 대로 다 살로만 가는지 체중이 늘으니 말이다. 예전과 비교하면 정말 많이 달라진 내 모습에 웃음만 나올 지경이다. 조금은 좋다는 옷을 입고 고급스럽게 치장을 해본들 예전의 그 모습과는 너무나도 다른 모습에 조금은 실망을 느낄때도 있다. 그러나 이것이 자연의 이치요, 하나님의 섭리라면 순응하는 것 또한 복이 아닐까?

대학 2학년 때의 일이다. 옆에 앉아 강의를 듣던 남학생이 편지 봉투를 건네주었다. 무슨 내용일까 궁금해 하면서도 태연히 수업을 마치고 화장실에 가서 열어 보았다. 그저 별 것 아니었다. 그 후로 매일 한 장 또는 두 장을 겹쳐서 줄 때도 있었다. 유머러스하고 다정다감한 내용도 많았다.

그것이 이어져 졸업을 하고 매일 한 통씩 집으로 보내져 왔다. 지방 출장을 가서도 역시 마찬가지로 하루에 한 통씩, 어느 날에는 혼자서 웃어도 보고, 어느 날은 화를 내 보기도 한 기억이 있다. 나는 그것들을 하나도 버리지 않고 모아 두었었다.

결혼을 할 때쯤 되어 정리를 하다보니 큰 박스로 하나 가득찼다. 결혼을 하면서 편지 박스도 가지고 가서 잘 모시었다가 이민 올때에 다른 것은 다 버렸어도 그것만은 버리지 않고 잘 모시고 미국까지 가지고 와서 여러 주를 이사다니면서도 그 편지 박스만은 꼭 가지고 다녔다. 가끔 우울할 때는 아무 것이나 한 통을 꺼내 읽으면 어찌나 웃음이 나오는지, 현실의 고달픔이 없어지고 과거가 현실이 되어 생활에 활력을 주기도 했다.

과거에 살기엔 너무 젊은 나이였지만 그래도 지난 세월이 참 그립고 다시 돌아가고 싶은 감정을 어찌할 수 없었다. "사람은 자기가 결심하는 만큼 행복해질 수 있다."는 링컨의 말을 이 때는 머리에 떠올리지 못했기에 그저 과거에 집착했었는지 모른다.

어느 날 말다툼 끝에 이 쓰레기 같은 편지 다 갖다 버리라고 화를 냈더니 남편이 박스를 들고 나가 얼마 후 빈손으로 들어왔다. 정말로 버렸나 하고 쓰레기통에 가보니 빈 통이었다. 아차, 말 한마디 실수로 그렇게 소중한 것을 잃어버렸구나 하고 후회한들 다시는 볼 수 없는 과거가 돼버렸다.

삶! 생활을 한다는 것은 예술이요, 행복이냐 불행이냐 하는 것은 작품이다. 우리는 지금 이 순간에도 작품을 만들어가고 있는 것이다. 어느 작품, 어떤 작품을 만들어 갈 것인가는 전적으로 나 자신에게 달려 있지 않은가.

불행을 만들고 있는 사람이라면 아주 조금만 마음을 바꾸어 볼 수는 없을까? 행복이라는 작품을 버무리고 있는 사람이라면 생활을 좀더 검소하게 하면서 복을 오래오래 누리고 아껴가며 살 수는 없을까?

우리 선조들은 참으로 지혜로운 생활을 하신 분들이었다. 이렇게 사는 것을 '석복'이라고 하며 자기 자신에게 주어진 재물이나 재주를 귀히 여기며 감사하며 생활을 했다. 주어진 여건에서 최선을 다하며 조건에 감사하고 사랑의 편지를 매일 마음속에 써 가며 행복을 그리며 살아가노라면 늙어도 젊겠고 지쳐도 힘이 나지 않을까?

"스스로 생각하고 스스로 탐구하고 제 발로 서라"고 철학자 칸트는 말했다. 몇 장의 편지가 과거를 현재로 이끌고 오듯이 오늘을 웃음으로 살아보자. 우리 인생은 하나님의 영원하심에 비하면 지극히 작은 하나의 점에 불과하다. 이 조그마한 예술 위에 철학과 사랑이 가득한 행복의 작품을 만들며 살아야겠다. 마음 속에 매일매일 사랑의 편지를 써보자. 매일 감사의 글을 읽어보자. 매 순간 즐거움의 작품을 만들어가며 살아보자.

Love Letter

One morning, while eating my breakfast of yogurt, a piece of fruit and a cup of coffee, I thought about how much had changed over the years, and I became very annoyed that I could not eat those tasty foods that I used to eat because I was afraid of gaining weight. They were very rare and expensive things only a few years ago, and now, they were treated as if they were poisonous foods. So many fancy dresses had become less expensive than they used to be. Decorating myself with so-called famous designer dresses had not satisfied my desire to become younger-looking and to return to the beauty of my past. I resigned myself to accept that it was just an Act of God and nature that we should accommodate.

During my sophomore year in college, a male student who was sitting next to me gave me a letter. I was curious, but I waited until after the lecture, went to toilet and opened the letter. It was nothing but an ordinal letter. He continued sending more letters, in single sheets and, sometimes, in multiple sheets. The contents of letters were very simple, but full of humor and warm stories.

These letters continued even after graduation. He mailed them to my home address. He kept on sending them every day and even sent them during his business trips. Reading the letters made me very happy, and I saved them all of them very carefully.

While organizing my belongings before my wedding, I found the letters which filled up a box. I brought them with me after I got married and kept them carefully. I have thrown away a lot of my belongings, but I have kept this box with me always. I even brought them to America and kept on carrying the box wherever we moved. I sometimes took one of the letters and read it. They always gave me a big laugh and energized me.

One day my husband and I fought because of the letters. He shouted at me to throw them away, and he brought the box out of house and returned empty handed. I ran to the garbage can immediately, but I found nothing. I regretted and regretted it, but the box never returned! The letters now only remain in my memories.

Life! Life is an art, and happiness and misfortune are creations. We are creating something even at this very moment. What and how we create depends upon the creators.

Can someone who is creating misfortune now change a little, just a little, looking towards better life? Can someone who thinks himself happy change his life towards humble life? Don't you think it is not a way of extending your happy life longer?

Our ancestors were very wise and enjoyed a good life. They called this 'Seokbok (God's Grace)' and appreciated the happiness given to them. To live your life as it was given to you shows your appreciation to God. Living everyday with God's grace and writing love letters will certainly help our everyday lives become easier and energized.

Philosopher Kant said "Think by yourself, look to yourself and stand by yourself". As some letters lead you from past to present, let's live our present lives with smiles. Our lives are less than a dot compared to God's eternal life. Let's enjoy the art of life full of philosophy and love. Let's write daily love letters in our hearts. Let's read letters of appreciation. Let's make joyful works every second of our lives.

좋은 만남을 위하여

남녀는 만남을 통해 데이트를 하면서 서로 교제하는 시간을 보내며 건전한 사귐을 갖는다. 이후 결혼하고 싶은 생각에 이르게 되고 드디어는 완전한 나의 배우자로 선택하게 된다. 결혼을 위한 만남은 상대자를 이해하고 이성과의 원만한 인간관계를 만들어 주는 과정이라고 생각한다.

하나님은 우리를 남자와 여자로 만드셨는데 그것은 그의 형상을 닮은 피조물로서 서로 돕고 조화를 이루며 생활하기를 원했기 때문이었다. 남녀의 다른 점이란 육적인 면도 아니고 영적이나 지적, 사회적인 면도 결코 아니다. 우리의 욕구는 근본적으로 동일하다.

만남은 서로의 의사를 교환하고 의논하며 관계를 가지면서 상대방을 발견하고 서로의 인격 도야를 도와주려고 노력하며 그 속에서 성장해 가는 과정이다. 그러면서 여러 사람의, 여러 종류의 성격이나 품성을 접하게 된다. 이런 과정을 통해 우리는 건전한 자기 분석을 할 수 있게 되고 자기 이해도 가능하다. 어떤 품성의 특질이 좋은 것인지 인식하며 자신의 장점과 약점도 알게 된다.

자기 약점에 대한 인식은 성장을 향한 첫걸음이다. "내 사랑하는 형제들아 너희가 알거니와 사람마다 듣기는 속히 하고 말하기는 더디 하라"고 가르치신 야고보의 말씀을 따라 상대방에게 귀를 기울여 듣는 힘을 기르고 되도록 말하기를 억제하는 노력도 필요하다. "나는 섬김을 받으러 온 것이 아니고 섬기러 왔다"고 예수님은 말씀 하셨다. 우리 삶의 주제는 '섬김'이다. "너희 중에 누구든지 크고자 하는 자는 너희를 섬기는 자가 되고 너희 중에 누구든지 으뜸이 되고자 하는 자는 너희 종이 되어야 하리라…" 마태복음의 말씀이다. 섬김이란 가까운 거리에서 시작되어야 효과적이며 내가 데이트를 하고 있는 상대방에게 어떻게 공헌할 수 있을까가 중요하다. 가장 좋은 점만 내보이려는 경향이 있으나 진정한 섬김이란 사랑 속에 진실한 이야기를 할 수 있어야 하는 것이다.

다른 사람의 부족한 것과 약한 부분을 만져주고 성장으로 이끌어 줄 수 있을 때 진정으로 섬기는 사랑을 실천할 수 있다. 데이트의 또 다른 목적은 결혼 상대자에 대한 실제적인 안목을 키워준다는데 있다. 반려자를 결정해야 할 때 현명한 판단을 하기 위한 기준과 안목이 이런 교제 속에서 길러진다. 더 좋은 사람을 찾으려 하기 보다는 서로를 잘 이해하고 사랑하고 나란히, 저 높은 곳을 향해 점점 성장해 가는 것이 중요하다. 그러므로 데이트의 목적은 하나님께서 당신을 위해 준비하신 배우자를 찾는 것이다.

흔히 인연이 있어야 만남이 이루어진다고 말하는데 하나님께서는 분명히 우리가 올바른 배우자를 발견하기를 바라고 계시다는 사실을 알아야 되겠다.

A Good Meeting

Men and women meet several times while dating. Some of them might reach an agreement and get married, but not all. Dating is a process of reaching an understanding of human relationships between the sexes.

God created man and woman as similar creatures who want to live by helping one another. There are not that many differences between men and women, either physically, spiritually, or socially. All have similar desires.

Dating can be a process of understanding each other to discover each other's ideas, moderating different ideas by exchanging opinions, and reaching a common goal. During this process, the partners begin to understand each other's character along with their opinions and ideas. This process can also provide an understanding of one's own weaknesses and find areas for improvement.

Understanding one's own weakness can lead to improvements. The apostle Paul said; "My dear brothers, take note of this: everyone should be quick to listen, slow to speak and slow to become angry." We all need to listen carefully and to be more patient, as was told by Paul. Jesus said, "Just as the Son of Man did not come to be served, but to serve, and to give his life as ransom for many." We need to be trained how to listen to other people while they are speaking. As Jesus said in the Book of Matthew, "whoever wants to become great among you must be your servant". Serving can be effective when you start with the person nearest to you. Learning how to serve each other while you are dating can be important for both partners. Do not always try to show your best qualities only, but show your everyday life openly and try to help your partner understand.

Embracing both your partners' weaker and stronger points, working to harmonize your differences, and expressing your intentions will help to accomplish a better life together. Then, you will have a better vision with which to select your partner without failure. Rather than continuing to look for better partners, it is wiser to stay with your present partner to try together to love and help each other to reach similar goals. On that point, I'd like to define that 'dating' is a process to search for the partner God has prepared for you.

Some say that there is only one predetermined mate for each of us, but I believe that it is God who knows what is best for us and already has a plan for how to match a man and a woman.

행복한 그늘 아래서

큰 나무는 큰 그늘을 만들고 작은 나무는 작은 그늘을 만들어 준다. 아이들이나 어른들도 더울 때면 시원한 그늘을 찾아 들어가려 하기 마련이다. 그늘 밑은 시원하기도 하지만 마음에 안정도 가져다준다. 하지만 그늘을 그렇게 찾아 헤매다가도 막상 그 아래서 고마워 하는 사람이 얼마나 될까? 더 나아가 내가 다른 사람을 위해 그늘이 되어 주겠다는 생각을 하는 사람이 있을까?

남녀의 결혼, 남자와 여자가 합하여 한 가정을 꾸민다는 것은 내가 그늘이 되어 상대를 편안히 쉬게 해 주겠다는 것이다. 결혼 선서, 예물 교환에는 그런 뜻이 담겨 있다. 서로가 서로에게 그늘이 되어주겠다는 마음 없이 결혼을 한다면 어떻게 되겠는가? 행복감이란 깊은 만족감이다. 상대의 만족 없이 나에게 만족감이 찾아올 수 없는 일이다.

행복이란 단지 우리가 잠자며 꾸는 꿈이 아니라 그늘 밑에서 얻어지는 생활 속의 실감이다.

우리는 마음 속에 아름다운 정원을 만들어 행복의 나무를 가꾸며 사랑의 열매를 기대해야 한다. 이 열매는 진실이요, 배려요, 이해이며, 용서다. 이런 열매들이 맺힐 때 우리 가정이, 사회가, 국가가 흐뭇한 보람의 감정에 젖어지게 된다.

결혼! 얼마나 엄숙하고 화려한 말인가? 하지만 이 말을 깊이 생각해 보고 결혼 생활에 들어가는 사람이 얼마나 될지 모르겠다. 내가 그늘이 되어주겠다고 생각하고 결혼이라는 과정을 지나는 사람이 얼마나 될지 궁금하다는 뜻이다. 상대의 좋은 외모가 나에게 좋은 그늘이 될지, 많은 재산, 학벌이 나에게 넓고 큰 그늘이 될지 의문이 생긴다.

흔히들 해 차를 사면 한 달이 즐겁고, 새 집을 사면 일년이 즐겁고, 결혼을 하면 3년이 즐겁다고 한다. 겨우 3년을 위해 80평생을 망각의 길에 버릴 수는 없다. 생각을 하며 사는 사람이라면 행복해질 수 있는 길을 찾아야 한다.

그런데 이기심이 양심을 둔화시켜 버리니 문제다. 이기심을 버리고 배려, 이해, 사랑과 용서의 감정을 키워갈 때 참 즐거움이 생겨나는데 말이다. 하늘에 별만 바라보기 보다 생활 속에서 즐거움을 창조해 내는 사람만이 행복을 소유할 수 있다.

이렇게 진실을 말할 때 마음의 즐거움이 있고, 서로를 이해할 때 마음의 후련함이 생긴다. 또 용서를 해보자. 여기에 자신감이 생동하게 된다.

들에 아름답게 피어있는 꽃을 바라보며 하나님의 넓으신 한량없는 사랑을 본받아 서로에게 좋은 그늘이 되는 사회를 만들어가면 좋겠다.

Under Happy Shades

Big trees make big shades while small trees makes small shades. In hot sunny weather, both children and adults rush to find the cool shade of a tree. Shades can also give us a refreshing resting spot for our souls. Is there anyone who does not appreciate the shade? Is it possible for us to be a shade for others?

In fact, families can be a shade. Marriage between a man and a woman! An oath and exchange of gifts at weddings expresses one's desire to start a new family and to protect (shade) each other. What will happen to the family if no one wishes to be a "shade"? Happiness comes from satisfaction, and you will probably be satisfied when the people you love are satisfied. Happiness is not a dream obtainable while we sleep, but can be obtained from the "shade" that someone provides.

Let us imagine a garden and raising trees, expecting fruits of love from them. The fruits should be truth, love, understanding and forgiveness of others. These fruits can certainly bring goodwill to our society and our country.

Marriage ? what a graceful and splendid word it is! However, people have different ideas about how to reach a successful marriage. It all depends upon how successfully the couple can be a "shade" for their family. A partner's good looking figure, rich wealth, or high level of educational background do not necessarily mean they will be the best shades for their family.

There is a saying that you will be happy for one month when you buy a new car, be happy one year when you buy a home and be happy for three years when you get married. One should not sacrifice a life of eighty years to be happy for only three years. One must think carefully before making a decision about marriage because it deeply affects your whole life.

Problems of selfishness can darken your conscience. Real happiness comes out of understanding, love and forgiveness. Do not just daydream and only look up in the sky and see the stars, but look for happiness in your daily life. Your happiness will come from a word spoken in truth, in understanding, in forgiveness, and you will feel a lot of joy and self-confidence. See the flowers in the wilderness and feel God's endless love and think about how to be a shade for others and try to make your society a prosperous one.

너의 길 나의 길

복동이가 지게 다리를 두드리며 부르던 콧노래 소리, 덕보 아저씨의 소에 쟁기를 달고 밭두렁을 갈며 호령을 치던 소리가 지금도 귀에 울리는 것 같다. 무엇이 그렇게도 즐거웠던지 지게를 지고 먼 산 나무를 찾아다니며 소리를 내어 부르는 복동이의 콧노래 소리가 지금 생각하니 거기에 낭만이 있었고 행복이 있었던 것 같다.

저녁이면 사랑방에 복동이와 덕보 아저씨는 얼굴을 마주대고 앉아 하루의 일을 주고 받으며 내일을 설계하곤 했다. 가끔은 웃음소리, 폭소도 흘러나오지만 때로는 의견의 마찰인 듯 좋지 않은 대화도 오가는 것을 들을 때도 있었다. 둘이는 각자가 맡은 일이 달랐다. 서로의 길을 갈 때는, 자기의 일에 충실할 때는 거의 다툼이 없는 것 같았으나 남의 일에 관여하거나 참견하면 음성이 커지는 것 같았다. 지게를 지고 나무를 해야 하는 길과 밭두렁을 갈고 씨를 뿌리는 길은 다르다. 서로가 서로의 길만을 가려고 노력한다. 여기에 웃음이 있고 행복이 있다. 이들의 생활에는 행복이 있어 보인다. 행복이란 하늘에 떠있는 무지개가 아니요 들에 피어있는 꽃이다. 부자나 가난한 자나 누구나 딸 수 있는 꽃, 한 송이만 가져도 흐뭇한 만족감을 느끼는 행복이다. 많은 지식을 가졌어도 생각하지 않으면 어두운 생활이 되나 생각을 아무리 많이 해도 배운 지식이 없으면 위험하다. 행복과 불행을 우리가 택할 수 있듯이 나의 길도 생각만 하면 잘 택할 수 있다.

나는 성경을 자주 읽는다. 그 중에도 로마서를 제일 많이 읽었다. 나를 닮으라고 외친 사도 바울의 글이다. 그가 얼마나 내면의 고통이 있었기에, 아니 얼마나 많은 자기의 길을 생각하였기에 속사람의 싸움을 지켜보아야 했을까? 로마서 7장을 읽어보면 선한 자아와 악한 자아가 뒤엉켜 혈투를 벌이는 장면 같은 내용이다.

이것이 선과 악의 다툼이요 이것이 너의 길과 나의 길이리라. 우리는 남의 길을 내가 가도 안되고 남이 나의 길을 가라고 내어주어도 안된다. 생각하는 삶, 그것만이 나의 길을 열어줄 것이고 올바르게 행동하는 삶이 행복을 가져다주리라.

우리는 나의 길이 무엇인지, 어디가 나의 길인지 생각하며 살아야 한다. 그 길을 찾아 열심히 노력하며, 생각을 잘 하여 행동해야겠다. 그래서 나는 나의 길을 가고 너는 너의 길을 가게 되길 희망한다.

Your Way, My Way

Bokdongiee is singing loudly along with Deokbo's Jigye (A-frame) stick sound. We were able to hear these sounds in the countryside until just a few years ago. I have no idea what made the little boy happy, but, there was happiness and romanticism in the story.

At night when it is dark and no more work was possible, both Dekbo and Bokdeongiee sit together in the corner of dark room to discuss work for the next day. We hear their laughter often, but also the occasional sounds of fighting. Their work is different, and when they were able to cooperate, they agreed and laughed, but if not, they quarreled with one another. Cultivating lands for crops and going to high mountains to obtain fire lugs are different jobs. They do not argue when it is not in their interest, but only raise their voices to protect their own interest. They look happy most of time, but not always.

Happiness is not like rainbow high above sky, but it like wildflowers down in the countryside. Anybody, rich or poor, can pick and decorate their home with them. One bunch of flowers can bring happiness to a home. High levels of education without thoughtful consideration can never bring happiness, and vice versa. We choose happiness or unhappiness by controlling our thoughts.

I read the Bible often, and 'Romans' is my favorite book. It is a book by Apostle Paul who advises everybody to resemble him. When you read chapter 7, you can see the evil and righteousness struggling severely inside of Paul. The book describes how seriously he fought inside of himself.

That is the fight between evil and righteousness that I must also follow. I must not force someone go my way, and, I should not be forced to follow someone else's way. A life of thought will open up the way each one of us must follow, and then we can go toward the righteous way. We must know clearly what is the road we must follow and which direction we need to go. We cannot all go down the same road. I must go my way, and you must go your way.

마음의 눈

가랑잎이 한 두 잎 떨어지던 어느 가을날 버스 출발지점에서부터 같이 앉아 있던 한 학급 남학생과 이런저런 이야기를 나누면서, 특히 상대의 특이한 유머 감각에 매료되어 웃다보니 버스는 어느새 종점까지 와버렸다. 넘어진 김에 쉬어간다고나 할까? 기왕에 여기까지 왔으니 구경이나 하고 가자는 제의에 그렇게 싫지만은 않아 이곳 저곳을 돌아다니며 가랑잎 뒹구는 산길을 산책해 보았다. 눈에 보이는 형형 색색의 나뭇잎들이 어찌나 아름다운지 말로는 도저히 토해낼 수 없는 가을의 풍경속을 바라보고 있노라니 나의 두 눈으로는 볼 수 있는 한계가 있음을 느꼈다.

큰 나무 뒤, 바위 뒤, 조그마한 언덕 넘어 도저히 바라볼 수 없는 나의 두 눈! 그러나 육체의 두 눈으로 볼 수 없는 곳을 마음의 눈으로 볼 수 있는것 같았다. 옆에서 여러 가지 얘기를 해주는 이 친구도 두 눈으로 보이는 것은 그저 그런 것 같았으나 마음의 눈에 보이는 그 모습은 참으로 멋이 있는 모습이었다.

내가 너무 소녀다운 마음이어서 그랬을까?

러시아의 철학자 솔로비요프의 말이 생각났다. 그에 의하면 인격에는 세가지 특이한 감정이 있다는 것이다. 첫째는 수치의 감정이요, 두 번째는 연민의 감정이요, 세 번째는 경건의 감정이다.

이 세가지는 인격을 가진 사람이라면 누구나 가지고 있는 요소라는 것이다.

인간은 어른이나 아이를 불문하고 수치심을 느낀다. 물론 이것은 타의든 자의든 인간 누구나 가지고 있고 느낄 수 있는 감정이라 한다. 두 번째 연민의 감정, 이 얼마나 아름답고 숭고한 인격의 감정인가!

나의 두 눈으로는 단풍의 아름다움을 바라보면서 마음의 눈으로는 수치의 감정과 연민의 감정을 보고있노라니 큰 나무 뒤의 것들이 보이고 산 넘어 골짜기까지 보이지 않는가? 두 눈으로는 도저히 볼 수 없었던 아름다움이 이 좁은 마음 속을 메꾸어 주니 몸은 구름을 타고 둥둥 떠오르는 느낌마저 들지 않는가?

조금은 당황이 되기도 했다. 옆에 앉아서 공부하는 같이 하던 학생, 별로 특별한 면도 보이지 않는 그저 그런 평범한 클래스메이트와 단풍 구경 좀 한다고 해서 마음의 흔들림이 느껴진다면 어떻게 하나 하는 느낌마저 드니 자신이 너무 초라해 보이기까지 했다. 그것은 단지 솔로비요프가 갈파한 대로 인격이 가지고 있는 세가지 특이한 감정중 하나인 연민의 감정이 아닐까 생각하니 견디기 힘든 미소까지 짓게 했다.

시간이나 장소 같은 것, 아무 것도 예정, 약속 없이 즐기고 사색하고 걸어보면서 잠깐 잠깐이나마 미래도 그려보게 한 것, 이것이 데이트라는 것이겠지?

마음의 눈은 한 발자욱을 더 앞서 가는 것을 느꼈다.

어느 사이 연민의 감정은 씨앗을 심어 사랑의 어린 나무를 키워주고 있는 것 같기도 했다. 조금은 거리를 두고 조금씩 쌓이는 단풍잎을 밟으며 찬란한 사랑의 작은 나무를 가꾸어 보았다. 번득 번득 지나가는 이 작은 나무에 물을 주어 보기도 하고 열매가 열리는 순간도 상상해 보았다.

물은 한 곳에 머물러 있으면 썩는다. 그러나 사랑은 한 곳에 머물러 있으면 있을수록 그윽한 향기와 신이 우리에게 가져다 줄 수 있는 최고의 선물, 행복이라는 것을 가져다 주지 않는가?

대부분의 남자들한테는 사랑은 그저 스쳐지나가는 것, 흘러가는 것 정도로 생각을 하게 하지만 여자들한테는 꼭 잡고 놓아 주지 않으려는 것, 가슴 속 깊이 고이 간직하고 감싸주고 싶은 것, 이것이 사랑이라는 것이 아닌가?

이 가을 나의 좁은 마음의 눈에 실오라기같이 어린거리듯 보이는 이 야릇한 감정이 마음 속의 나무에 물을 주고 잘 가꾸어 아름다운 열매를 맺어 주었으면 하는 마음을 잠깐 해본다.

사랑의 나무를 가꿀 때는 그것이 아무리 험하고 고달파도 길들여지는 것이 즐겁고 행복하다고 한다. 나에게도 이 아름다운 계절에 아름답게 길들여짐이 있었으면 하고 생각해 보았고 역시 두 눈으로 보는 세상보다는 마음의 눈 하나로 보는 우주는 지극히 우아하고 찬란함을 느껴보는 순간들이었다.

옆에서 내일 학교 교실에서 다시 만나자는 티 없는 미소에 즐거웠다는 마음을 눈웃음으로 답례를 하고 헤어졌지만 역시 헤어짐이란 쓸쓸하고 즐거울 수는 없는 것 같았다.

The Mind's Eye

I was on the bus when autumn leaves were falling. One of my classmates got on the same bus and sat by me. We started chatting about falling leaves and we were so happy talking that we did not realize we had arrived at the end of bus route. I was attracted by his humorous conversation and manner. He suggested we walk a little around the terminal area and I accepted. The leaves had been so beautiful. I had never seen such beautiful trees and colorful autumn leaves before.

I suddenly realized that I could not see the beautiful scene entirely because of my limited vision. I was not able to see behind the big trees, behind rocks, behind hills which were outside my limit of sight. However, he described the far away scenes as if I were able to see anywhere. With his description, I felt as if I could see all that he could see in my mind.

I recalled Russian Philosopher Solobyop's saying. According to him, there are three different feelings that make up one's personality: feelings of shame, feelings of pity, and feelings of dignity. These are the three feelings that exist in anyone's mind who has a personality. Everybody, child or adult, feels shame. It is caused by either by self or by others. Second is the feeling of pity. How beautiful it is to have feeling of pity!

My two eyes are looking at the beauty of the autumn leaves, while my mind's eye was looking at pity and shame. Suddenly, my sight was widened to be able to see scenes beyond big trees and across hilly mountains. How wonderful it was that I could now see those scenes that I could not see with two eyes. I was so excited that I felt as if I were flying above clouds!

It had been a little embarrassing. How funny it had been to watch autumn leaves with a male classmate who had been studying with me just a moment ago and who moved my mind so much! I felt a little ashamed of myself. But when I realized it was only one of the three feelings that Russian Philosopher Solobyop described, I could not stop smiling.

Had this been a real date? There had been no promise of a meeting time or place, but it just happened so accidentally. I concluded it had been a real date.

I felt my mind's eye was going one step faster. I felt that feelings of pity had led me plant seed of love. I dreamed of stepping on falling leaves, planting seeds, watering them and harvesting fruits.

Although water rots when it stays one place, love becomes more fragrant the longer it stays at one location and brings happiness to those who continue to love.

Most men think love passes away soon; however, most women think love is a treasure, wishing to embrace it deeply in the heart.

I wish to keep this secret feeling by watering and harvesting the fruits that were seen through my mind's eye. It is said that when you grow trees of love, you can bear any difficulties and fatigue because of the love that brings you the real joy and happiness that you can not get from anywhere else. The worlds you see with your two eyes and the one eye in your mind are different. The world seen in your one mind's eye is more generous and splendid than the one seen with your two physical eyes.

We left each other that day with smiles and promised to meet again in the classroom the next day. We both agreed that the meeting had been joyful and happy and sent each other smiles of appreciation. The separation was sad as was always imagined.

지나고 보니 사랑이었네

대학 2학년 9월 어느 날 가까운 친구와 수다를 떨던 중 이 친구한테서 이런 이야기를 들었다. "글쎄 그 남학생 있잖아? 군대 갔다 와서 복교한 사람 말이야. 어저께는 학교에서 나오면서 땅콩 장사 앞에 와서 땅콩 10원어치만 사달라고 하잖니? 그래서 나는 땅콩을 먹으면 얼굴에 무엇이 나서 땅콩을 안 먹는다고 했더니 그 남학생이 깜짝 놀라며 '며칠 전에 땅콩을 20원어치 사서 같이 먹었는데 아무렇지도 않잖아요?' 하며 내 얼굴을 쳐다보는데 내가 할 말이 없어서 웃으며 그냥 왔단다. 아마 그날은 그 학생 호주머니에 10원도 없었나 보다 생각했지."

다음 날 그 학생은 그 곳에서 땅콩 50원어치를 사더니 세 봉지는 나를 주고 두 봉지는 자기가 먹으며 버스를 타러 가는데 한참 가다가 거의 먹었을 때쯤 나를 보고 "오늘은 얼굴에 무엇 나는 거 걱정 안돼요?"하고 묻더라는 것이다. "땅콩이 하도 맛있어서 그걸 잊어먹었네요" 하며 웃어넘기고 집으로 돌아가는 버스에 몸을 태우고 생각해 보니 미안한 마음도 들었다고 한다.

그 친구는 또 말을 계속 이어갔다. 강의 시간에 늦으면 남학생들의 큰 머리 때문에 칠판 글씨 보기가 힘드는데 요즘은 그 남학생이 제일 먼저 와서 손수건을 깔아 놓고 앞에 자리를 잡아주니 강의 듣기가 편안해서 좋단다. 그리고 어쩌다 비가 오는 날이면 우산을 들고 혹시 비를 맞고 오지는 않나 해서 강의실 앞에서 우산을 들고 서 있더란다. 무거운 책, 실습 도구, 가운까지 들고 힘들어하는 나에게 공주님 이제 오십니까? 반갑게 인사하며 잘 받아서 교실까지 운반해 주고 버스 정류정까지 들어다준다고 한다. 여기까지 듣던 내가 "너 혹시 둘이서 연애하는 것 아니냐"고 물었더니 아니라고 펄쩍 뛰는 것 아닌가. 그런 감정은 전혀 없고 그 남학생도 그렇지 않은 것 같다고 했다.

그 후에도 자주 만나 그들의 관계를 물어보면 그저 그런 친구 사이의 일들인 것처럼 말했다. 공부도 같이 하고 시간 나면 극장도 같이 가고, 학교 수업이 끝나면 도서관에 앉아서 공부하는 것이 주된 일이었다고 한다.

일 년 쯤 지나서일까? 그 친구는 나에게 이런 말을 했다. 혼자 도서관에 앉아 있으려면 허전한 마음이 들고 혼자서 버스 정거장까지 걸어가려면 외로움까지 느낀다는 것이었다. 같이 다니던 친구였으니 그럴 수도 있겠구나 생각했다. 하지만 이들은 졸업 후 결혼을 하고 아름다운 가정을 꾸며 40여년을 행복하게 살아가고 있다. 그 때 그것들이 사랑이었는데 왜 깊이 느끼지 못했을까?

사람이 사람을 사랑한다는 것은 자기 존재를 느끼는 첫 출발점이다. 사랑한다는 것은 인간이 할 수 있는 최고의 착하고 아름다운 것이요, 알파요 오메가다. 예수님은 사랑을, 부처님은 대자대비를 외쳤다. 우리는 여기에 순응해야 한다. 사랑은 인간과 인간을 맺어 연결시켜 주는 힘이요 원천이다. 기다리고 인내하는 사람들만이 소유할 수 있는 아주 평범한 진리다. 땅콩 10원어치에 고개를 돌렸다면, 옆자리에 손수건을 깔아 놓고 기다림이 없었다면 이 두 사람의 사랑이 현재 있을까?

Was It Love?

One September day during my sophomore year in college, a classmate told me, "You know the male student who recently returned from military service? He took me to one of the street peanut stands and asked me to buy 10 won worth of peanuts. I told him I could not eat peanuts because they ruin my face. He said it's strange that you ate 20 won worth of peanuts before and nothing had happened! I could not tell him nothing except smile and left him quickly. I thought he did not have any money, even 10 won, in his pocket that day."

She continued, "The next day he bought 50 won worth of peanuts and gave me 3 bags, and he took 2 bags for the bus ride. Sometime after, he asked me what was wrong with my face. I told him it was because I had forgotten and eaten too much peanuts and I gave him smile. I then apologized to him."

She continued, "You know when you sit behind a male student in the classroom, the big male student's head veils your sight to the blackboard. He knew this and put a big handkerchief on a chair in front so that I could sit in front of him and see the blackboard easier. He waited in front of the door when it rained. He usually waited for me at the entrance and carried my heavy books, work materials, and even my gown to the classroom and, when it was finished, to the bus stop."

At this moment I asked, "Are you in love with him?" She jumped up and shouted. No, it's not! She said she did not have any such feelings and she thought he did not either. She said there were definitely no such feelings when I asked her about it. She said they went to a movie or library after school occasionally and that was all. About a year later, she said she felt somewhat lonesome when sitting in the library or walking to the bus station by herself. It's surprising that they got married! They married right after graduation and have been living happily for 40 years. Why did she not know then that it was love?

Self acknowledgement starts when one realizes he or she is in love. Love is the best work that humans can do. Love and Mercy – it is like Alpha and Omega. Jesus claimed LOVE while Buddha claimed MERCY. Love creates one of the strongest connections between men and women. Could this couple have achieved the happiness of love if there had not been any incidents involving 10 won's worth of peanuts or handkerchiefs and they had not persevered?

잉꼬부부

어느 친구의 이야기였다. 어느날 아침에 일어나 매일 하듯이 새장을 들여다 보니 한 마리는 바닥에 누워있고 한 마리는 횃대에 올라 앉아 바닥에 누워있는 새를 내려다만 보고 있었다고 한다.

이상해 눈을 새장에서 떼지 않고 보고 있으려니 횃대에 앉아있던 새가 밑으로 내려와 누워있는 새 옆에서 무슨 소리를 내면서 계속해서 발로 건드려 보기도 하고 옆으로 밀어 보기도 하며 아주 안타까운 동작들을 하면서 지저귀는 소리가 점점 슬프게 들렸다고 한다.

알고 보니 무슨 이유에서인지 한 마리가 죽어 바닥에 누워 있는 것이었다. 그것을 본 다른 새가 건드리면 일어날까, 부르면 일어날까 하고 그렇게도 구슬픈 목소리로 울부짖은 것이었다.

어떻게 살아있는 새가 대처를 하나 하고 묵묵히 바라만 보고 있으니 한참 동안을 같은 행동, 같은 목소리를 내어 움직여 보려고 하다가 뜻을 이루지 못하니 죽은 새 옆을 떠나 모이 그릇이 있는 곳을 가서 모이를 잔뜩 먹고 물을 마시고 나더니 죽은 새 옆에 드러누워 움직이지 않고 눈을 감고 자는 듯 조용히 있었다고 한다.

하도 기이한 일들이라서 그저 쳐다보고만 있었는데 서너 시간이 지나서 살아있는 새가 갑자기 숨이 약해지는 것 같아서 혹시나 하는 마음에 살아있는 새를 꺼내서 손바닥에 올려놓고 보니 거의 죽은 상태였다고 한다. 이 새는 심심하게 지내는 노년이었던 이들 부부를 위해 친척 한 분이 선물한 '잉꼬'라고 부르는 한 쌍의 새였다.

색깔도 아름답고 눈을 뜨고 있는 동안은 입을 꼭 맞추고 있는 시간이 길며 한 마리가 행동을 하면 다른 한 마리도 따라 하고 수놈은 될 수만 있으면 먹이를 암놈에게 먹여주고 참으로 신기하고 귀여운 새들이었는데 하며 눈시울을 붉히는 친구 앞에서 무슨 위로의 말을 해야 좋을지 몰랐다. 친구는 이 '잉꼬부부새'가 세상을 떠난 다음 얼마나 많은 눈물을 흘렸는지 몰랐다고 했다.

생명이 두 개였다면 얼마나 좋았을까 하는 생각을 해본다. 세상에 생명을 두 개 가진 동물은 없다. 우리 인간도 마찬가지다. 이 새가 아무리 아름다운 마음을 가지고 있었다고는 하나 이성(Logos)과 감성(Pathos)이 인간과 같이 있다면 이렇게 슬픈 종말을 가져오지는 않았겠지 하는 생각이 든다.

예수님은 말씀하셨다. "네가 만일 천하를 얻고도 네 생명을 잃는다면 무슨 유익함이 있으리요"라고. 또 석가는 "천상천하에 나의 생명처럼 귀중한 것은 없다"라고 말했듯이 이성이 있는 인간은 옆 사람이 죽는다고 따라 죽지는 않는다. 이성은 하나님께서 우리 인간에게 주신 최고의 선물이요, 빛이며, 으뜸가는 무기다. 그래서 서구인들은 이성을 가리켜 '자연의 빛'이라고 한다. 이성은 참으로 아름답고 선하다.

그럼에도 인간은 감성도 같이 가지고 있다. 마치 동전의 양면과 같다. 인류 역사상 이성이 감성을 이겨본 적이 없다고 한다. 이성과 감성은 태어날 때부터 가지고 태어나는 것이 아닌가? 즉 하나님께서 주신 것이다. 배우지 않고 가르치지 않아도 인간이 태어날 때부터 갖고 있는 능력, 이것을 맹자는 양지양능이라 말했다.

이 잉꼬새 부부한테도 이성이라는 것이 조금이라도 주어졌다면 이렇게 슬프게 가지는 않았을 것을 하고 생각해 본다. 생명이 붙어 있는 동안 우리도 잉꼬부부새와 같이 살았으면 좋겠다.

이성과 감성을 가진 우리 인간에게 불가능한 것은 없다. 노력과 조금의 인내가 힘을 합하면 나도 잉꼬부부가 될 수 있으리라. 우리 인간은 감정의 동물이요, 기분의 존재다. 여기에 이성으로 조화를 시켜보자.

도를 닦는다는 즉, 감정을 억제하는 힘을 기르는 능력으로 아름다운 화음을 만들어 너 그리고 내가 다정다감한 잉꼬부부가 되어보자.

Devoted Couple

This is a story one of my close friends. One morning, she saw a female bird in a cage lying on the floor while a male bird did nothing but look down at the female bird from above. She was watching them curiously for a while. The male bird came down and was trying to push the female bird by his legs as if walking on her back. But, the sound of warbling became sad gradually.

In fact, the bird was already dead. But the other bird kept on warbling, wishing the partner bird would get up. The male bird must have realized that the bird was not going to come back. He finally went to eat and drink in full and then went to lie down next to his counterpart. He was still for hours until he too was dead.

One of their friends had sent them the parakeet couple and they had been so happy with the birds. They were so moved by the incident that made them realize the strength of real love.

Have you ever thought what it would be like to have a second life? There are no creatures that have 2 lives. So it is with humans. However beautiful their minds were, the birds could not live twice. Their sadness may have been avoidable if they had had 'Logos' and 'Pathos' in their minds, as humans do.

Jesus said, "What do you get when you conquer world, but, lose your life? Buddha said, "There is nothing more valuable than life." There is no reasonable man who would choose to die along with a dead man. Reason is one of best gifts given to human beings. It is really beautiful and good.

On top of that, humans have feelings also, just like two sides of a coin. Aren't we all born with both "Reason" and "Feeling" at same time? God gave them both to us. Mencius teaches, "Knowledge and Capability are accompanied by every man at time of birth."

The parakeet bird couple may not have died so quickly if they had been given "Reason". We wish to live our lives loving each other like the parakeet couple until our life ends.

조금은 바보스럽게

한 손에는 무거운 몇 권의 책과 다른 어깨에는 도시락이 든 손가방을 메고 한 반 남학생과 장충공원을 산책했다. 해가 지는 줄도 모르고 이야기꽃을 피우다가 내려오는 길에 의견 충돌이 있었다. 그저 보통 때와 같이 지나가려니 하고 시작한 것이 잘못 실수로 상대의 자존심을 건드린 것 같았다. 그렇다고 재빨리 사과를 할 뜻도 없고 망설이며 내려오고 있는 중에 파출소를 발견하고 뛰어 들어 갔다.

“무엇을 도와드릴까요?” 내 입에서 거침없이 나오는 말은 “저 남학생이 저를 괴롭혀요”였다. 그 남자를 데리고 들어오고 나는 안쪽으로 데리고 들어가 이것저것을 질문한다.

얼마 후 바깥 쪽에서 신문을 하던 경찰이 “좋은 학생 같은데 잘 지내보지 왜?” 그러는 것이었다. 얼굴도 괜찮고 좋은 대학을 다니며 하는 말도 그렇게 꺼덕거리지도 않는 것 같아서 주의만 주고 집으로 돌려보냈다며 30분만 여기 있다가 집으로 돌아가라는 것이었다.

파출소를 나오니 겁이 부쩍 들었다. 세상이 온통 캄캄하고 어디가 어딘지 구별조차 하기 힘든 거리. 산책을 하는 인파도 끊겨 적막이 흐르니 무서운 짐승이 나올 것 같기도 하고 진짜로 악한 사람이 나와서 나를 해칠 것 같은 느낌이 드니 30분전 일들이 어찌나 후회스러웠는지 몰랐다. 파출소가 보이지 않을 정도까지 내려오니 갑자기 나무 뒤에서 사람이 슬그머니 몸통을 내미는 것이 아닌가? 어찌나 놀랐는지 거의 소리를 지를 뻔 했다. 정신을 차리고 자세히 보니 먼저 파출소를 나간 그 학생이 아닌가! 그제서야 전신의 근육이 이완되고 마음에 긴장감도 풀리는 것 같았다. 왜 집에 가지 않고 나무 뒤에서 기다렸느냐고 물었더니 처음 와 본 길인데 당황하지 않을까 걱정이 되어 지금까지 기다렸다는 것이다. 우선은 고마웠지만 조금은 바보스러워 보였다. 평소에 밝고 명랑했던 성격과 재치 있던 말투는 어디로 가고 풀이 죽어있는 모습, 두 어깨 축 늘어뜨리고는 한마디 말없이 옆에서 걸어준다.

터벅터벅 걸어 내려오는 그의 모습에서 빨리 이루어지지 않아도 좋겠다고 말하는 듯한 느낌을 받았다. 빨리 뜨거워지지 않아도 담뱃불 같이 그렇게 뜨거워지지 않아도 좋겠다고 하는 마음으로 말을 해주는 것 같았고 네가 지금, 아니 영원히 나를 바보로 만들더라도 떠나지만 않는다면 참고 견디리라 하고 말하는 것 같은 느낌이었다.

왜 너여야만 되느냐고 묻는다면 나에게 "그에 대한 답은 없다"라고 말할 것 같은 느낌을 가지고 무언의 발자국을 뒤로 남기다 보니 버스 정류장까지 왔다. 버스에 오르는 나를 보고 뒤에서 "안녕히 가세요"하고 멍하니 서 있었다. 그것도 잠깐. 어둠 속에서 뒤를 보니 잘 보일 리가 없었다. 자리에 앉아 차창 밖을 내다보며 '사랑'이란 말을 생각해 보았다. 사랑이란 기다림이던가? 수동적인 기다림. 이것이 사랑의 속성 중 하나임을 조금 느끼고 지나가는 순간이었다.

또한 사랑은 복종인 것도 느꼈다. 두 무릎을 꿇고 애걸하는 복종이 아닌 오직 당신에게만은 져 주는, 져 주고 싶은 꿀맛 같은 복종, 이런 것이 사랑인가? 사랑은 쓰려도 좋고 한 없는 한숨과 막을 수 없이 흐르는 눈물로 얼룩진다 해도 버릴 수 없고 포기할 수도 없는 것인가 보다 하는 생각을 그의 모습에서 느껴보는 순간이었다.

봄날 이슬비를 맞고 걷노라면 처음엔 기분이 좋음을 느끼나 조금씩 젖어오는 줄 모르고 시간이 지나면 자기도 모르는 사이에 전신을 적셔 놓고 옷에서 물방울이 떨어질 때라야 젖었군을 의식하는 것, 이렇게 다가오는 것이 사랑이겠지? 사랑은 생각하는 것, 사랑을 한다는 것은 상대를 내 자리 내 입장에 끌어들이는 것이 아니라 내가 상대의 눈높이에 맞춰져야만 하고 내가 상대의 입장에 서서 생각하고 행동하는, 조금은 바보스러운 것인가 보다 하고 생각하며 보낸 하루였다.

Looking A Little Stupid

I was walking with a male classmate around Changchoong Park carrying a lunch bag. We strolled around the park until sunset, as we talked about school life, and then my careless words caused arguments between us as they must have touched his pride. I did not apologize and hurriedly left him and found a police station. I ran into it. One of policeman asked how he could help. I told him without hesitation that a man was attacking me. He caught him. He asked me several questions at the corner of the station.

Sometime after, I heard the voice of a policeman say, "Why don't you keep your friendship with her since we see that you are a good student and that she is very pretty." Later, the policeman told me that the student was sent home as he looked gentle and was a student from a good college. He told me to wait and leave for home 30 minutes later. I then left the station.

Suddenly I was scared. It was dark and I had no idea which direction I had to go. As I went further from the police station, suddenly, a face of a man jumped out in front of me. I was so surprised that I almost shouted. He was the student I had been with earlier. I then relaxed and became peaceful. I asked why he had not gone straight home. He answered he had been worried about me because it had gotten dark and he knew that it was a new road for me. He had not wanted me to lose my way home. I appreciated his kindness, but I thought he looked a little silly. He had not been that way before. He had been so smart and humorous when we were talking in the classroom. But today, he looked a little silly. He walked by me without a word.

I felt he was telling me our relationship did not have go faster, but at least stay firm until he succeeded in his goals. He seemed to be saying that he would wait even if he looked silly, as long as he had the hope of love. If someone asked why it should be me, what would have been his answer? We arrived at the bus stop. I stepped up onto the bus and I heard his voice of "Good bye" at which I could not respond. I could not see him any more as smoked glass blocked our sight. I looked outside of a dark window and wrote the word, "LOVE" by hand on the steamy glass window. This must be the so-called "love", I thought. I felt there must be love in a passive way, but also in an active way.

I felt also that love means obeying. Not obedience by kneeling, but obedience by love, like the taste of honey. Is it Love? Love is good even if it makes sighs or tears of sadness. You will never give up love for anything! When you walk in the spring day rain, you are happy for a while until feel cold. Love comes in such way, without notice.

You must go out to look for love and not wait for it to come to you. Try to match the same level of love that your loved one has for you. You should know that to succeed in love, you sometimes have to look a little silly.

우정

나에게는 한 친구가 있다. 중고등학교를 다닐 때는 항상 옆자리를, 대학을 다닐 때는 전공이 달라 매일 만나지는 못했지만 적어도 이틀에 한 번은 연락을 하고 지낸 아주 친한 친구였다.

가랑잎이 바람에 날리는 것만 보아도 웃어 죽겠다던 중고등학교시절. 한시간이라도 떨어져 있으면 궁금하고 허전해서 어쩔줄을 모르던 그 때, 희망도 야망도 비슷했고 같은 길을 걷는 듯 했던 그 시절. 서로가 너 아니면 못 견딜것 같고, 너 아니면 사는 의미조차 없을 것 같았던 그 시절. 시간이 흘러가면서 조금씩 달라져 대학을 가면서 인생에 대한 생각이 조금씩 달라진 것 같다. 그 친구는 음악을 전공하기로 하고 나는 약학공부를 하기로 했으니 지난 6년 동안 뜻이 같고 생각이 같은 줄 알았던 우리는 서로가 달랐음을 깨달았다. 그래서 전화를 잡으면 한 시간도 좋고 두 시간도 좋다. 엄마나 오빠가 나도 전화 좀 쓰자고 몇 번을 말할 때까지 붙잡고 재잘대곤 했다.

그러던 그 친구가 대학을 나와 결혼을 했고 내가 결혼을 할 때쯤 되니 그 친구의 뱃속에는 큰 베개를 넣고 다니는 듯 힘들어 하는 모습이었다. 그러면서도 내 결혼식 때 피아노는 자신이 꼭 친다는 것이 아닌가! 그 큰 배를 안고 피아노 앞에 앉아 웨딩마치를 치는 것을 보고 참으로 고마운 마음 이루 말할 수 없었다. 결혼 후 그 친구도 아들, 딸을 낳아 기르느라, 나도 딸, 아들을 낳아 기르느라 서로 바쁘다보니 조금은 연락이 뜸해지더니 우리가 미국으로 이주를 하게 되니 더욱 더 멀어져만 갔다. 고작 1년에, 가끔은 몇 년에 한 번 서로 연락을 주고받을 정도였다.

그러던 어느 날, 이 친구한테서 남편과 아들을 동행으로 미국을 여행한다는 소식을 받았다. 첫 기착지가 이곳 워싱턴이고 기간은 1주일 정도라니 정말로 반가운 마음 이루 금할 길 없었다. 다행히도 우리집에 방2개 정도는 여유가 있었으니 더욱 안심되었다. 30여년 만에 친구가 찾아온다니 얼마나 반가운 일인가.

마음은 어느덧 중학교 고등학교를 다니던 시절로 되돌아가 며칠 동안 무슨 일이든 손에 잡히지를 않았다. 그러면서 생각나는 것이 '논어' 첫마디에 나오는 말이 있다.

"친구가 먼데서 찾아오니 또한 기쁘지 아니하랴." 여기에는 필자가 생각하는 간단한 뜻만이 아닌 참으로 깊은 뜻이 담겨져 있는 것으로 평소 느끼고 있었는데 이 때에 이 말이 생각났다. 친구 중에 친구요, 동무중에 동무요, 우정 중에서도 으뜸의 우정이 찾아온다는데 어찌 아니 기쁘겠는가?

우정! 얼마나 값지고 아름다운 말인가. 하루 이틀에 느끼지 못하는 감정. 내 마음을 다하고 내가 헌신하지 않으면 느껴보지 못하는 우정. 얼마나 아름다운 것인가! 봄에 내리는 이슬비 같은 느낌. 그렇게 다가와 오래오래 머물러 주는 생의 활력소가 되어주는 감정. 일생을 두고 잊히지 않는 마음의 향기이기도 한 이 우정이 얼마나 좋기에 이렇게도 마음이 설레이는지 몰랐다. 서로 변치 말자고 약속한 것도 아닌데 소중히 간작하고 있는 마음은 한여름 지나가는 폭풍과 소나기 같은 연정이 아니었기에 가능했던 것 같다.

이렇게 여러 생각을 하며 오래간만에 만난 친구! 참으로 반가운 친구였기에 피곤해 하는 줄도 모르고 밤새워 얘기꽃을 피우며 옛날같이 깔깔대며 하루를 지냈다. 다음 날부터는 조금씩 달라져 가는 느낌을 받았다. 조금은 말이 조심이 되고 이런 말은 해서는 안 되지? 하는 생각이 들었다. 옛날 생각만 하고 지껄인 어제가 후회심까지 들었다.

같은 말이라도 표현 방법을 바꾸어야 되겠다는 생각이 들었다. 여러 가지 생각을 하며 화장대 거울 앞에 앉아 화장을 하노라니 옛날 친구들과 같이 찍은 사진 생각이 나서 사진첩을 꺼내어 한 장 한 장을 넘기다 보니 정말로 놀라운 것을 발견했다.

옛날 얼굴에는 주름이 하나도 보이지 않는데 지금 화장대 앞에 앉아 있는 내 얼굴에는 셀 수 조차 없는 주름살이 보였고 피부색깔도 많이 달라졌다. 이런 것들이 내 생각 친구의 생각을 달리하게 해 말 한마디, 한마디 생각해서 하게 하는구나 하고 생각하니 우정이 변하는 것이 아니라 몸과 마음이 계속해서 변하는 것이 너와 나요, 우리네 인생살이인가 보다.

Friendship

I have a friend. We sat side by side during school (Junior and Senior), and we met frequently during college, at least once a month because we were at different schools.

We even laughed while watching falling leaves and flying birds during Junior High School, and we thought we would never separate while we were in Senior High School. We both had the same hopes and dreams and thought we would be together forever. We began realizing that we might be going in different directions when we selected which colleges to attend. She chose Music and I chose Medicine, and I began to feel that we were going into different worlds. Whenever we talked on the phone, we would talk for hours until my brother would take away the handset.

My friend married earlier and when I was about to get married, she appeared with a baby as if she was embracing a huge pillow.

She looked very tired of having the baby. She said she would play a piano piece during my wedding. How thankful I was when I saw her playing piano at the wedding! She gave birth to a girl and a boy, and so did I. We both became busy, and our meetings gradually decreased to almost none after I came to United States. We talked once a year or more for several years.

One day she called to say that she would be coming with a tour group that included a visit to Washington, D.C. as the first point of the tour. She said they would be staying for about a week or so. I was very glad to have them with us after such a long separation. We had enough room for them to stay since we had 2 extra rooms. It had been 30 years since we had last met.

I recalled times in high school when we would do nothing but chat during instruction time. I thought of the first word of the Analects of Confucius that said, “Why should I not be happy to meet friend of friends, comrade of comrades and friendship of friendships.”

Friendship. What a beautiful word! You cannot experience such a mood of happiness unless you experience it directly. It felt like a misty rain in the morning. I had no idea why it made me so happy. It was like a shared soul existing between us even though we had not promised to do so. We are everlasting friends by the grace of God. I think it was because our love was not like a waterfall, but rather calm and silent as if it came out of a place deep in the heart.

Finally, they arrived. We were so happy that we talked overnight, forgetting our tiredness. It did not take long to realize that I was speaking too much. I regretted it and I decided to be more careful as I had no idea how they were feeling. Did she feel like I did?

I opened an old album which had a lot of pictures we took during High School. I was so surprised by the wrinkleless faces of the young girls. How did they compare to our present faces? This was reality. Our bodies get older, even if we do not want it, and even if we think we are still young. We want our friendships to remain young and kept forever.

김치를 담그며

김치를 담아야 하겠다는 마음을 먹고 시장에 가서 배추 두 포기 또 다른 몇몇 가지를 사 들고 집으로 왔다. 온 힘을 다해 배추를 잘라서 큰 그릇에 넣고 여러번 씻은 다음 물기를 빼고 나니 다음 단계가 문제였다.

아무리 생각해도 어떻게 해야 할지를 몰라 가정부한테 물어보았으나 그 아이도 청소나 하고 밥이나 할 줄 알지 김치는 한 번도 담아본 일이 없다는 것이다. 궁리 끝에 친구한테 전화를 걸어 사정 얘기를 하고 우리 집에 좀 와서 도와달라고 했더니 마침 자기도 집안에 갓난 아기와 둘이 있어서 꼼짝 할 수가 없으니 그것을 가지고 자기 집으로 오라는 것이 아닌가. 목마른 사람이 샘을 판다고 했던가? 씻은 배추를 그릇에 담아들고 버스를 타고 친구네 집까지 가서 그 친구가 일러주는 대로 소금을 뿌려놓고 다음은 이것저것 가르쳐주는 대로 종이에 적어 호주머니에 넣고 집으로 돌아오려니 참으로 내 모습이 우습기도 하고 한심해 보이기도 했다. 신혼 첫 주에 어이없이 얻어 맞은 한 펀치였다.

결혼 전 친구였던 그 사람한테 "나는 부잣집 맏며느리 감"이라고 사람들은 말하는데 부자도 맏아들도 아닌 막내 아들과 어떻게 만났는지 모르겠다고 했더니 이 친구 왈 "어느 부잣집에 가서 망쳐 놓으려고 부잣집 맏며느리 타령이냐"며 "부잣집 구하기도 힘들지만 맏며느리 노릇하기도 그렇게 호락호락하지 않으니 아무 소리 하지 말고 얌전하게 기다리고 있으라"는 것이었다.

그 소리를 들을 때는 나를 무시하는 것 같아서 기분이 그리 좋지 않았는데 이렇게 어이 없는 경우를 당하고 생각해보니 그 말이 조금은 이해가 되는 것 같았다.

밥도 한 번도 해본 일이 없는 내가 못 미더워 친정 어머님은 결혼을 한다니 친정 근처에 집을 사서 살라고 강하게 권유하시는 것을 나는 조금 외곽지대로 나가 신혼 기분을 내 보겠다고 양옥집을 새로 짓고 시작했다. 친정 어머님은 못 미더워 가정부를 미리 구해 훈련까지 시켜 같이 들어가게 했음에도 어머님이 예상했던 대로 일은 벌어졌던 것이다.

직장에서 돌아온 남편과 저녁밥을 먹고 낮에 있었던 얘기를 하니 빙그레 아무 말 없이 웃는 그의 얼굴에 야릇한 감정을 느끼며 무슨 말이 나오나를 기다리고 있는데 한참 동안 침묵을 하더니 무엇하러 그 힘든 김치를 담그려 했느냐는 것이었다. "기왕에 배추를 사왔으면 김치 대신 시원한 배추 된장국이나 끓이면 되지 어려운 김치까지 담그느라 그 고생을 했느냐"며 다시 한 번 빙그레 웃는다. 나는 그 다음으로 연결되어 나올 말을 기대하고 있었는데 그 날 저녁은 그것으로 지나갔다.

나는 그날 저녁 그이의 입에서 부잣집 맏며느리 얘기를 기대 했는데 웃음으로 넘어가주니 바짝 날을 세우고 있던 나의 마음을 간파하고 있었던 것 같다. 나는 김치 외에도 여러 가지를 미리 배우지 못한 것, 경험해 보지 않고 피하기만 한 것에 대해 아쉬움을 느꼈다.

가장 유능한 자는 부단히 배우는 자라고 괴테가 말했던가? 무엇이든 배웠어야 했는데 순간적으로 편하기 위해 피해서 살아왔다는 것이 나 자신에게 부끄러워졌다. 닥치면 어떻게 되겠지 하는 마음, 모르면서도 아는 척 하고 지나친 지난날이 후회가 되었다. "모르면서 배우지 않는 것은 현대인의 정신적 범죄의 하나"라고 인도의 케리 여사가 한 말이 생각이 나기도 했다. 잘 알지도 못하면서 하면 되겠지, 어떻게 되겠지, 별 것 아니야 하는 식으로 배우려 노력하지 않는 그 자세야말로 자기 자만이요 교육의 모독이 아닌가!

그러기에 인간이 인간답게 산다는 것은 배우고 공부하며 살아가는 것이 아니겠는가. 어딘가에 자신의 목표를 설정하고 그것을 향해 살아가는 인생, 여기에 인생의 값어치가 있다. 도둑질을 제외하고는 무엇이든 배우라는 속담이 있다. 이 말은 사람은 교육에 의해서만 사람다운 사람이 될 수 있다고 말한 칸트의 사상과 일맥상통하는 점이 있는 것 같다.

자신을 갈고 닦고 연마시켜 가며 살아가는 존재, 이것이 인생이요 이렇게 사는 것이 인간답게 살아가는 방법의 한 가지가 아닐까? 준비를 잘하고 기다렸더라면 부잣집 맏며느리도 되지 않았었을까?

Making Kimchi

I decided to make kimchi and bought two pieces of cabbage from a market. I cut them into pieces with all my strength and washed and dried them carefully. Since I had no idea how to make kimchi, I asked a neighbor housewife how to make it. She said she had never made kimchi before. I asked one of my friends to help, but she could not come over as she was caring for a child and could not leave her house. She then said she would help me if I could come to her house. I then got on a bus with the cabbages and went to her house. I put salt into the cabbages per her instruction and returned home with the cabbages. I wrote down her instructions. I felt I was stupid. It was one week after marriage, then.

I used tell my husband-to-be that I would not marry him, who was youngest son of a poor family. I added that every one had told me that I should marry the eldest son of a rich family and therefore, I had to marry and go to such noble home. He said that I should not go to such a noble family because I would only ruin the family. I should be waiting on him gracefully until he comes and takes me because trying to marry into a rich family was not easy, but also I would never be able to perform the duties of a rich family's first daughter-in-law. I had been a little unhappy to hear such words, but I had decided to accept them later. My mother had advised me to buy a house nearby her house and to learn how to manage family life. But, I denied and instead hired a housemaid. I regretted it later.

When I told my husband about making kimchi, he just smiled and was silent for a while. When he finally spoke to me, he said that I should've tried to make soybean soup with the cabbage, not kimchi. I waited for more words to come after the first comment, but, he went to bed without a word. I was expecting him to remind me of my old wish to become the first daughter-in-law of rich family, but instead there were no words at all. I regretted that I had not learned how to be the good housewife that my mother had kept on telling me about before marriage.

German Philosopher Goethe said, "Competency comes after learning." I had been ashamed of myself since I was acting as if I could do everything. Karrie of India said, "Ignorance is a spiritual crime." You must not start anything without knowing what it is or how to do it. It is blasphemy to God to not learn whatever is needed!

Humans keep learning by trying to reach a previously set target. It is a very valuable thing when you achieve the target. There is a saying that you should learn everything except stealing which is same thought of Kant who said man becomes a real man when educated.

Training humans by proper education is cultivating the life of a human to make it more valuable. We must follow their teaching honestly. I think I could've been a good first daughter-in-law of noble family if I had only known this truth earlier. Would you agree?

스포츠를 즐기며

얼마 전 월드컵 대회를 보았다. 참으로 기술도 좋고 힘도 좋은 젊은 이들의 잔치 한마당이었다. 어느 팀이 이기고 어느 팀이 지는 것 보다는 누가 잘 싸우고 어느 팀웍이 좋은가에 관심이 더욱 가는 경기였다. 경기력, 투지력, 인내력, 정신력 모두를 보여주는 한마당 잔치였다.

어느 경기든지 규칙이 있다. 경기를 규칙대로 하지 않으면 심판의 제재를 받는다. 어떤 선수들은 심판의 눈을 피해 공을 차는 척 하면서 상대방의 앞정강이를 차 버린다. 엄연한 반칙인 줄 알면서도 반칙을 하다 들키면 벌을 받고 안 들키면 좋고 하는 식이다. 공이 바닥에 있는데 상대방의 가슴을 발로 차버리는 어처구니 없는 선수도 있었다. 이것은 도저히 보아줄 수 없는 반칙인데 범하는 이런 선수는 선수로써의 자격조차 박탈할 수는 없을까 하는 것이 해설하는 사람의 의견이기도 했다. 우리의 사회생활도 마찬가지가 아닌가? 참으로 많은 법과 규칙과 규례들이 있다. 말 한마디가 법에 저촉될 수가 있고 조그마한 행동에도 벌을 받을 수가 있다. 요즈음은 덜 하지만 공원에 산책을 하다 보면 술을 마시며 떠들어대는 사람들이 많았다. 그래도 법은 아는지 종이로 병이나 깡통을 싸서 마시며 좋다고 떠들어 댄다. 공원 입구에

술은 마시지 말라고 써 있는 게시판을 보았기 때문에 이런 속임수를 쓰고 있겠지 하고 쓴 웃음 지을 때가 한두번이 아니었다. 공원 단속반원들은 모처럼의 놀이에 기분 잡치게 할 생각이 없어 그저 바보인척 하겠지만 페어플레이는 아닌 것 같았다.

스포츠를 하려면 용기가 필요하다. 살아가는 데도 용기가 있어야 한다. 용기란 옳은 일에 자신을 맡기고 뛰어드는 육체적, 정신적 투신이요 자신감이다. 용기가 있는 사람은 스포츠 정신을 가진 사람이다. 스포츠 정신이란 누가 보아도 공명정대한 게임을 하는 것을 말한다. 정해진 규칙 안에서 승자와 패자를 가르는 경기일 것이다. 비록 힘으로 기술로 밀리더라도 깨끗한 게임을 해 간다면 내일이 있을 것이다. 승자는 얼마나 많은 땀을 흘려야 했으며 얼마나 많은 노력을 했으며 얼마나 많은 시간을 낭비해 오늘에 이르렀는지 알 수 있을 것이다. 혹자는 그 방면에 천부적인 소질을 타고 났다는 말들을 하는 사람도 많지만 승자에게 물어보라! 자기의 소질만으로 오늘이 있었을까? 그렇게 대답하는 사람은 한 사람도 보지 못했다. 이기는 것은 뽐내지 않고 지더라도 최선을 다한 경기에서는 부끄러워하지 않고 경기장을 떠나기 전 승자에게 축하의 악수를 해 주는 정신이 내일의 승자를 만들고 미래의 주인이 되게 한다.

경기할 때는 가장 무서운 원수로, 끝나면 가장 가까운 친구로 대해 주는 정신, 이것이 스포츠맨의 정신이다. 야구의 투수를 보자. 공 하나 하나를 전 힘을 다해 던진다. 그야말로 전력투구이다. 투수의 공을 던지는 손을 보았는가?

그 손은 다른 손보다 길고 그 손은 다른 손보다 굵다. 얼마나 많은 땀을 흘렸기에, 얼마나 많은 눈물을 흘리며 노력하였기에 같은 몸에 달려있는 다른 손과 그렇게도 다를까? 무슨 스포츠나 마찬가지일 것이다. 우리 생활 속에 성공자는 어떠할까?

반칙하지 말자. 태클걸지 말자. 스포츠를 즐기며 스포츠맨십을 잊지 않고 사는 것, 이것이 인간다운 삶이다.

Enjoying Sports

Recently, I went to see the World Cup soccer game. It was a scene of real strength and the skill of youngsters. It was not about winning the game alone, but about teamwork. It was a game of power, technique, the fighting spirit and strategy that made all the spectators crazy.

There are rules in every sports game. If any player does not follow these rules, he is penalized by a judge. I saw a player hit the knee of his opponent, while a judge was out of sight. It seems that there are many who forget sportsmanship while others honestly keep the rules. They seem to not care or worry whether a judge sees or miss a violation. When penalized they take the punishment and don't seem to care much. I saw a player kick an opponent's chest while he was lying on ground. A commentator suggested these players must be kicked out from the player list. It's not going to happen again, he said.

Our society is not much different from a soccer game. There are so many rules and regulations. A word may be against the law and a small act may become a reason for punishment due to a preexisting law or regulation that we never realized existed. We have seen a lot of people drinking liquor and making noises in public parks recently. Some were hiding liquor bottle wrapped in newspapers. These people might have worried about civic law. He must have seen a sign not to drink alcohol in the public park area before entering the park. Park guards did not stop them, as they seemed to not want to disrupt the pleasant mood of the visitors. Our society seems generous about such things. Who then can stop it?

Courage is necessary to live righteously as some sportsmen do. Courage is needed to devote oneself for the sake of righteousness both physically and spiritually. A spirit of sportsmanship means playing a game with Fairness, Cleanly, with Righteousness and Greatness. Even if you lose today, if it was due to an act of fair play, you will certainly win in the near future. To win a game there should be a lot of sweaty training. Some say personal potential and capability is necessary to become a winning sportsman, but, I have never seen anybody win a game with that alone. You must praise anyone who wins a game against you, as they have earned it. That kind of spirit can only bring you future wins.

Opposing team members can be the greatest enemies while

playing, but they should be the best comrades when the game ends. That is real sportsmanship. A baseball pitcher throws each ball with his best power and technique. Have you seen the hands of pitchers? You would understand how they make such amazing pitches. Their hands are longer and bigger than an ordinary person's. You can imagine how hard they have worked. Every sportsman should be same. Do not play against the rules, and do not tackle cowardly. Rather, just enjoy sports as you would enjoy your life.

세난도아 등산

사월로 접어든지 몇 날이 지나갔는데도 아침 저녁으로는 차가운 바람을 느낀다. 봄맞이 겸 몇몇 부부들이 산행을 해 보자는 제의에 따라 가기로 하고 이것저것 필요한 것들을 준비하여 4쌍의 친구 부부들이 세난도아 등산을 가기로 했다. 솔직히 말해서 등산이란 것은 내 생애에 두 번째의 일이다. 친구들의 등산 예찬론에 귀가 솔깃하기도 하고 권하는 말을 끝까지 거절만은 할 수가 없어 따라 나섰다.

등산로 입구에는 개나리가 노랗게 피어있어 우리를 반겨주는 것 같았고 지금 막 터질듯한 나뭇잎들이 조금은 푸른 빛을 자랑하는 듯 보였다.

이윽고 등산이 시작되어 이곳을 자주 찾는 친구의 뒤를 따르기로 하고 열을 지어 올라가기 시작했다. 조금을 걷다 보니 힘이 들고 길고도 험해지기 시작한다. 숨도 차기 시작한다. 한 발 잘못 디디면 가시 넝쿨 속으로 구를 것 같기도 하고 조금만 미끄러지면 바위 밑으로 수없이 굴러 떨어질 것 같기도 한, 힘이 들고 조심스러운 산길이었다. 하루길을 걷다 보면 소도 보고 말도 본다고 했던가? 바위길, 모래길, 진흙길, 자갈길, 여러 길을 지나노라니 발을 떼어 놓을수록 힘이 더 들어가기 시작한다. 등산이란 정상에 올라가 아래를 내려다 보는 기분으로 한다는데 이렇게 힘이 들어서야 정상까지 올라갈 수 있을까? 나에게 끝까지 안내자를 따라갈 인내심이 있을까? 하는 생각이 들었다.

인내라는 가파른 고갯길을 넘으면 반듯이 행복의 푸른 평원이 전개될텐데… 인생에 계속된 오름길만은 없을텐데… 오로지 옆 길을 잘 살피며 헛발을 디디지만 않는다면 내가 바라는 넓은 행복의 초장을 내려다 볼 수 있을 것 같은 느낌이 두 발에 힘을 더해주는 것 같았다. 올라갈수록 길은 점점 험해지기 시작한다. 작은 나뭇가지들이 얼굴을 치고 지나가기도 하고, 가시 달린 가지가 어느새 옷자락들을 잡아당겨 놓기도 하고, 잘 걷는다는 발은 나도 모르게 돌을 힘껏 차 보기도 한다. 인내심이 절대로 요구되는 시간들이었다. 나는 한발짝 한발짝 띠면서 이 인내에 대해 생각해 보았다. 인내를 하려면 끈기와 강한 의지력이 필요하지 않은가? 그래서 인내는 덕이라고 말하지 않는가. 덕을 쌓아라! 라고 말을 많이 한다. 이 말은 모든 일에 인내를 하라는 말이 아니던가? 오른 뺨을 맞으면 왼 뺨을 내밀어라! 원수를 사랑하라 하는 말들, 이것들이 다 인내하라 그리하면 덕이 된다는 말이 아닌가!

바울 사도는 우리가 환난중에도 즐거워하나니 이는 환난은 인내를, 인내는 연단을, 연단은 소망을 이루는 줄 알기 때문이라 말했다. 독일의 철인 쉴러는 위대한 정신은 조용히 인내한다라고 말해 인내의 위대한 내면을 강조한 바 있다. 우리 인간들이 어떤 인내 즉 어느만큼의 덕을 쌓아가며 사느냐에 따라 세상은 달라지는 것 같다. 내 생각대로 되는 일, 내 생각대로 되지 않는 일, 남에게 이길 때, 질 때, 성공을 할 때, 실패를 할 때, 즐거움을 맛볼 때, 시련을 당할 때, 이런것들이 우리네 인생을 살아가는데 한 리듬이 아니던가? 그래서 인간들에게는 각자가 지고 가야만 하는 이 세상의 나그네이기에 행복한 날들 보다는 괴로워야 할 날들이 더 많다고 말한다. 그래서 불가에서는 이 세상을 '고해'라고 하지만 현실은 천국도 지옥도 아닌 것 같다. 그저 누가 무엇을 어떻게 생각하고 인내하느냐에 따라 천국이냐 지옥이냐, 또는 행복이냐 불행이냐를 선택하는 선택적 차원의 세상에 살고 있는 것 같다. 내가 오늘 이 험한 산길도 정상 위에서 내려다 볼 행복의 푸른 초원을 생각하면 즐겁고 행복의 길이겠지만 정상이 보이지 않고 오직 오르막길 뿐이요, 가시덩쿨 사이로만을 생각한다면 그 십자가는 얼마나 무겁고 비정할까?

세시간여의 장고 끝에 목적지에 도착하여 한숨을 돌리며 산 밑을 내려다 보니 높고 낮은 수 없이 많은 능선들만이 눈에 들어온다. 넓고 아름다운 행복의 초원이 끝없이 펼쳐보일줄 알았던 나로서는 실망이 아닐 수 없었다. 그러나 자세히 바라보고 있노라니 맑고 푸른 초원 위에 날개달린 백마들이 평화로이 풀을 뜯는듯한 느낌이 들지 않는가. 예수를 자신의 삶을 인류의 행복을 위해 헌신한 보살로 본 14대 달라이라마 갸쵸의 사상이 떠오른다. 무슨 생각을 하든 어떤 사상을 갖든 인내로 정상에 오르면 행복의 푸른 초원이 있음을 상상하며 덕을 쌓는 하루가 되어보자 하는 시간들을 보냈다.

Shenandoah Hiking

It's mid-April, but still a little chilly in the mornings and evenings. Four couples agreed to go to the Shenandoah mountains and prepared for the hiking trip. This would be the second time hiking in my life. Because other members had praised their hiking experiences so much, I had agreed to join them.

The entrance of the hiking course was beautifully decorated with yellow azalea flowers, receiving us gladly with greenish leaves about to burst out of leafless trees. We began hiking and many other hikers were following us. Followed by my partners or other hikers, I began to feel a little tired as my breath become faster and I worried that I would fall down.

When you walk one day's distance, a lot of things might be in the way: rocky roads, sandy roads, bulls, horses, muddy roads, stony roads, etc. When you go hiking, you climb to get to the summit of the mountain to see below. But, to me it was not easy and I though I might quit before not too long. I must go! I told myself. I must go up and reach the summit to see the broad plain that can only be seen from the summit. I must see the plain. But, did I have the perseverance and energy to climb to reach the summit? There should be some downhill trails as there are in life!

I kept on climbing carefully so as to not trip over the stones on the way or get hit by branches of wild trees hanging above our path. The road seemed to be getting steeper and tougher as we went higher, but then suddenly I began to have some confidence that I might be able to see the plain. I felt like I was getting so much stronger that I was touching the branches and kicking the stones on the way, which was fun.

I had reached the time when I needed to persevere the most. I walked one step at a time with all my strength. At this moment I began to realized the virtue or perseverance. As philosophers say, “Accumulate virtue”, I realized it all meant perseverance. Jesus said, “If someone strikes on the right cheek turn him the other also.” Jesus also said, “But, I tell you: Love your enemies and pray for those who prosecute you.” They all meant that you must persevere and be man of virtue.

알라바마에서 생긴 일

많은 참석자들이 강당에 가득히 자리를 메우고 조용히 누군가를 기다리고 있었다. 그리 크지 않은 목소리로 자기들끼리 말을 하며 웃는 소리까지 들리곤 했다. 이윽고 정장을 한 육군 간부들이 들어오고 그 가운데는 대령 마크를 단 당당한 체구의 여자 장교가 들어와 연단 가운데 자리를 잡으며 졸업식이 시작됐다. 여러 장교들이 간단 간단히 말을 끝내고 마지막으로 이 대령의 차례가 돌아왔다. 참으로 근엄하면서도 자상해 보이는 제복만 벗으면 나와 같이 가정주부 같은 인자해 보이는 직업군인이었다. 여러 가지 격려의 말을 하면서 약 10분정도 지났을까? 이 중에는 10대의 처녀가 대부분이지만 30이 넘은 두 아이의 엄마도 있다라고 말을 꺼낸다. 나는 가슴이 덜컹 내려 앉으며 어쩔 줄을 몰라 내빈석에 두 아이와 같이 참석하고 있는 남편의 얼굴을 쳐다 보았다.

그이가 그 말을 놓칠 리가 없다. 이상한 표정을 지으며 머리를 떨군다. 여러분이 이 곳에 와서 더운 날씨에 이렇게 고생을 하고 소정의 과정을 끝마친 것은 당신들 자신을 위해서요 크게는 미국과 미국민을 위해서이다. 미국인도 아니며 이곳에서 태어나지도 않은 저 사람이 이런 곳에서 눈물과 수없는 땀을 흘린 것을 나는 진심으로 값지게 생각하는 바이다. 기회의 나라, 아름다운 나라, 자유의 나라, 누구든지 노력하면 행복하게 자유를 만끽하고 살 수 있는 나라에서 내 앞날은 내가 개척해 보겠다는 그 불굴의 의지에 나는 박수를 보낸다. 여기에서 모든 사람들이 기립박수를 한다. 그 대령은 이렇게 이어갔다. 어려서는 부모가 헌신적으로 여러분들을 돌보아 먹이고 입히고 교육을 시키며 미래를 열어 주었지만 성인, 즉 이제부터는 자기 자신의 미래는 자신이 책임을 져야한다 하며 시간을 아껴쓰며 동료간에 우정을 다져 원만한 군 생활이 되기를 부탁한다. 이 훈시를 들으며 주마등 같이 머리를 스쳐가는 지난 두 달 동안의 일들 …

어려서부터 달리기를 못해 항상 꼴찌만 하는 내가 어떻게 규정 시간을 통과했을까? 집으로 다시 돌아가려고 몇십번이나 마음을 먹었을까? 달리기에 항상 뒤쳐지니 개인 교사를 붙여주는 배려는 너무나 감사했다. 어느날 저녁 육척 장신의 미남형에 육군대위 마크를 단 장교가 내 이름을 부르기에 일어나 여기 있다고 하니 신발 신고 밖으로 나오라는 것이었다. 다른 아이들도 나도 놀라 따라 갔더니 잔디밭에 서서 하는 말이 너는 현재대로라면 졸업을 못하니 지금부터 매일 자기와 함께 뛰자는 것이었다. 그는 말한다. 아이가 둘이라 했지? 한 아이가 저 운동장 끝 연못에 빠졌다고 생각하고 나를 따라 뛰어보라는 것이었다. 시간도 재보았다. 그러나 하루 이틀 사이에 시간이 단축되지 않았다. 그러나 이 대위는 매일 저녁 와서 시간을 재며 뛰어주었다. 3주가 지난 어느날 그는 말했다. 이제 됐다. 규정된 시간안에 네가 뛰게 됐으니 정규훈련만 마치면 된다는 말이었다. 정말로 기뻤다. 그날 저녁, 남편에게 이제는 졸업을 하게 됐다고 전화를 했더니 당신은 충분히 해 낼줄 알았다며 장하다고 칭찬까지 해주지 않았는가? 두 달 정도 투자해서 내 생을 보장받고 자식들을 돌볼 수 있다면 이까짓 두 달 정도 못 견디겠나! 하는 마음으로 입대했는데 이 두달 동안은 너무나도 긴 지루한, 서러운 기간이었다. 부모님 덕분에 대학을 나올 때까지 한송이의 꽃과 같이 가꾸임을 받고 살아온 내가 이제는 내 앞늘을 위해 내 자신이 여기에 투자를 하려니 정말 힘이 들었다. 격려사를 미래의식을 가지고 자기 자신을 돌 볼줄 아는 아이들로 키워야 되겠구나 하는 생각을 하며 하객석의 두 아이와 남편에 얼굴을 쳐다 보았다.

Alabama Incident

There were many spectators sitting in the auditorium. They gently sat whispering with those sitting by, and sometimes, with whispering laughs. Finally, a group of Army officers marched into the auditorium together with an imposing female officer with a colonel rank patch on her shoulder and sat in front of the platform. The graduation ceremony began and when the speeches of some of the officers were complete, the female colonel came up to make a congratulatory speech. After about 10 minutes or so, she said, "Most of the students graduating today are teenagers, but there is a woman here who is more than 30 years old and who also has 2 children." I was surprised and looked my husband who was sitting at one of the guest seats with my 2 children.

He did not miss the comment and looked down with a strange expression. She continued, "Completing this difficult course is for your own sake, for the country and for the people of the country.

She is not an American born in this country, but, her tears and sweat are very valuable things that we all should note. Let's give our biggest applause to the person who decided to devote her life for this country of opportunity, beauty and freedom." Everyone then gave me a big applause. The colonel continued. "Your parents took care of you with good foods and clothes because you were young; however, you must take care of yourself and prepare your future from now on. Save your time and make good friends and try to have smooth military life." She concluded her speech. While listening to her speech, I recalled the last 2 months' of difficult moments experienced at the school…

I had not been a good runner as a child. At the military school, I was always the tail of the running session. How often I had wished to return home! How I would be able to pass the running tests was a big challenge for me. One of the instructors assigned a private running instructor for me, which I was thankful. One day, a handsome young captain called me, when I was at the barracks, to come out. He said, "You are not able to graduate if you do not improve your running capability, therefore, you need to run together with me until you have improved." He continued, "Did you say you have 2 children? Just imagine that one of your children has fallen down in the pond over there and you must save him, and follow me." We checked time, but, I could not run any faster. But, he came every day and we ran together and checked time each time. After 3 weeks he finally said, "It's done, and you can graduate if you only pass the rest of the course." I was so glad and called my husband immediately, who encouraged me with these words, "I knew you would do it and I am very proud of being your husband."

I felt that I had been wise to have invested only 2 months to obtain social stability. Now, I could take care of my children without any problems anywhere in United States. These were very some of the most difficult and sad periods I have experienced in my entire life. My parents took care of me as if they were growing young flowers until I reached college age. I promised I would take care of my children as my parents had for me. I wanted do my best to let them work hard for a promising future, let them enjoy sports, and let them have many friends who will be good life-cooperating partners. Thank you to the great speech from the female colonel, superintendant of the school, and the young handsome captain who ran with me for 3 weeks.

수덕사의 밤은 깊어가는데

수덕 처녀의 공이 너무 크고 갸륵하여 수덕사라 불리는 사찰. 대사 원효도 힘을 보태어 그 웅장함을 한층 더해주는 운치있는 곳이 아닌가? 이곳 저곳을 바라보고 있노라면 어디선가 그렇게도 아름다웠다는 수덕 아씨가 걸어 나올듯한 느낌. 여기에 은은히 들리는 목탁 소리가 산울림이 되어 돌아오니 참으로 경건한 마음마저 드는 곳이 이곳이구나 했다. 백제의 혼이 담겨있는 대웅전은 그 웅장함이 세인의 마음을 눌러주고 있으며 그 안에서 들리는 소리. 뜻은 알 수 없으나 마음을 차분히 가라 앉혀준다. 백팔염주 목에 걸고 백팔번뇌는 가슴에 안고, 두들겨대는 목탁소리는 깊은 산속으로 흘러 들어가는데 그것을 보고 있노라니 인생의 무상 또 한번 느껴지는구나.

백팔번뇌 속에는 천륜도 저버려야한다는 구절이라도 있는지? 핏덩이를 바다 건너에 두고 온지 십삼년 만에 찾아와 엄마라 부르라 했던 엄마의 정은 어디에 두고 목탁만 두드리고 앉아 있을까? 종교라는 미명 아래 이렇게 천륜마저 무자비하게 놓아야 할 것이라면 백팔번뇌 중 천륜까지 끊고 무아지경에서 사랑을 외친다면 너무나 잔인하지 않을까 생각한다.

나는 그가 1920년대 초기에 N여사와 함께 한국 여자의 자유를, 특히 남성으로부터 해방을 외치던 사람이요, 시인이요, 승려가 된 현실을 초월한 한 시대의 여성 지도자로서 존경하고 있었기에 고등학교를 다닐 때 친구와 함께 찾아가 면담 요청을 한 일이 있었다. 며칠을 묵으면서 몇 번이고 요청해 보았지만 묵묵부답이었다. 정말 서운하고 아까운 시간들이었지만 어쩔 수 없었다. 지금은 이렇게 애숭이라서 면담도 안 되지만 어른이 되어 다시 찾아오면 그 때는 되겠지 생각했다.

춘원이 이름을 붙여주었다는 그 이름. 생각하면 생각할수록 깊은 뜻이 있는듯한 이름이다. 한 남자만을 사랑하기엔 마음이 너무나 넓었나? 몇 사람만을 사랑하기엔 너무나 풍성한 가슴이었기에 만인을 사랑해 백팔번뇌 저버리고 백팔염주 목에 걸고 수덕 여인 머물던 곳에 자리를 잡으셨나? 개신교 목사의 딸로 태어났다는 그는 “여자는 남자를 위한 소모품이 아니다. 또한 장식품도 아니다”라고 절규했으며 그의 동갑내기 절친한 친구인 N여사는 “시험결혼과 육체의 신비를 모르는 연애는 연애가 아니다”라는 글을 투고하여 여성 권력 신장을 주장했던 최초의 여성이 아니었던가?

불란서의 사강이 “배고프면 먹을 것을 찾는 것이 당연하다”라고 일대 센세이션을 일으킨 것은 한국 여성의 세계적인 우월성을 여실히 드러낸 것이었다.

남보다 한발 앞서 간다는 것, 그리 쉬운 일만은 아닌 것 같다. 남보다 좀 더 멀리 보았기에 겪어야 했던 고통과 슬픔, 그리고 외로움을 백팔염주에 모아 대자대비를 외치시던 스님. 종교가 먼저였나, 인간관계가 먼저였나? 아무말 없이 ‘청춘을 불사르고’라는 흔적만을 남기고 앞서 가게한 수덕사가 원망스럽다.

그의 글을 쓰는 펜마저 꺾어버린 수덕사! 수덕 여인의 땀이 배어있고 원효대사의 발자국이 보이는 듯 하며 그 위에 하나의 나뭇잎이 떨어져 거름이 되었으니 그 이름 영원하리라.

주인 없는 빈 집을 돌아보듯 견성암, 금설대, 환희대, 정혜사를 돌아보노라니 정혜 총각이 수덕 처녀를 맞는 그림까지 머리에 그려보게 된다.

가랑잎이 하나 둘 떨어진다. 어떤 것은 사람의 발에 밟히고 어떤 것은 고이고이 쌓인 채 다른 나무들의 좋은 비료가 되어 봄이 되면 다시 아름다운 하나의 나뭇잎이 되겠지? 은은히, 그러면서도 때에 따라 슬프게도, 즐겁게도, 잔인하게도, 깊게도 들리는 염불소리를 듣노라니 수덕사의 밤은 깊어만 가고 있었다.

Night At Su Deok Sa Temple

Su Deok Sa Temple was named after a virgin called Su Deok, who was a famous devotee of Buddha. The Great Buddhist Priest, Won Hyo Daesa, appreciated her works and helped build the temple. I strolled around the temple expecting the virgin's sudden appearance. The sounds of wooden gongs played by Buddhist nuns whispered around the temple area and made us feel as if we were indeed far away from the urban city, or for that matter, far away from even the rest of the world. The great hall of the temple, full of the spirit of the Baekje Kingdom, made us feel reassured. Also, the sounds of wooden gongs along with the nuns' prayers provided visitors with some peace of mind. I recalled and felt the emptiness of life which was taught by Buddha.

Should family relations which are included in the 108 evil passions be thrown out? Is it right not to meet her daughter who has come to see her from overseas, leaving her children? Can't the playing of the wooden gong be halted for just for a minute to talk with her daughter? Isn't it inhumane to reject meeting her child, to continue to play the wooden gong? Is she looking down from heaven, or does she not know that she was here and looking for her?

I had discovered that she had claimed women's freedom together with Mrs. "N" back in the 1920's, while she was a poet and Buddhist nun. Did she throw away the 108 evil passions to become a nun and to enter the temple? She was born as a daughter of protestant pastor, but she declared that women are neither servants of men, nor born to decorate men. She said those who do not know about "Test Marriage" or "Secret of Physical Body" is not worthy enough to engage in the affairs of LOVE.

Mrs. "N" declared, "When you are hungry, you must eat anything whether it is bean or barley." Before then, Chagang of France claimed, "It is natural to look for food when hungry." which made a great sensation among us because it proved Korean women are superior than any people in the world.

It is not easy to be a leader. You can only lead when you see farther than others and are able to deal with a lot of unknown facts before you. That is why new ideas are difficult to pursue and usually meet all kind of problems.

To judge whether religion is more important than personal relations is a difficult question. It's very sad that she left the world leaving the silent words of "Burning Youth···" Su Deok Sa temple had broken both her pen and her adventurous spirit, but the leaves of Su Deok Sa were flying around as if she has forgiven all.

갈색 소나기

어제 걸었던 잔디 위를 오늘도 다시 걸어 본다. 같은 장소, 같은 잔디 위인데 걷는 기분은 다르다. 생각도 다르고 행동도 다르다.

짧은 잔디, 긴 잔디, 숲 속, 나무 밑, 물을 건너고 모래벌을 넘어 조그만 호수 옆을 지나노라면 어느새 나도 모르게 대자연에 흠뻑 빠져들게 마련이다. 이렇게 아름답고 웅장한 대자연 속에서 자신을 생각해 본다. 자연 속의 자연인 그것은 '선한' 사람이다. 자연으로 돌아간다는 것은 인간 본연인 '선'과 '사랑'의 마음을 지닌 사람으로 되돌아간다는 것이 아닌가?

오늘은 특별히 몇 년 전 일을 생각게하는 하루였다. 우리 부부, 그리고 어느 유명한 언론인 부부와 같이 골프 라운딩을 했다. 세 사람은 공을 제대로 맞춰 보려고 애를 쓰는데 동반한 부인은 깊은 상념에 쌓여 있었다. 공이야 어디로 가든 별로 신경을 쓰지 않고 하늘을 쳐다봤다, 숲 속을 쳐다봤다 하며 어느 때는 혼자서 빙그레 웃는 모습도 보였다.

100달러를 내고 치는 공인데 저렇게 치나 하고 말없이 내 공만 치고 몇 홀을 지나가려니 바람이 세차게 불어 가랑잎이 수없이 날아와 마치

소나기가 오는 것 같은 느낌을 주었다. 그때서야 이 부인이 말문을 열었다. “아, 갈색 소나기까지…”

나는 그 날 이후 이 말을 잊어버리지 않고 있다.

문학 공부를 한 이 부인은 골프를 즐기기 위함이 아니라 대자연 속에서 자연인 자기 자신을 생각하기에 골몰했던 것이다. 대자연 속에서 머리 아픈 사회생활 보다는 대자연에 파묻혀 자기 본래의 자연인을 찾아보려 노력했던 것이다.

『고독한 산보인의 명상』, 『참회록』 등과 같은 대작을 남긴 철학자요 사상가인 루소는 근대 기계 문명 시대를 살아가고 있는 우리에게 정신적 영향을 준 사람이다. 그는 걷기를 좋아했다고 한다. 그의 독백 가운데 이런 말이 있다. “혼자 도보로 여행을 할 때 나는 풍부하게 생각하고 풍부하게 존재하고 풍부하게 산다. 감히 말한다면 풍부하게 나 자신이 되는 것이다. 도보는 나의 사상에 활기를 주고 생생하게 만든다. 나의 정신을 움직이기 위해서 나의 육체를 움직이고 있어야 한다.” 정말로 감명 깊은 말이다.

거의 매일 골프장에 나가 푸른 잔디밭을 밟아보지만 돌아올 때는 아쉬운 마음을 어떻게 표현해야 할까? 걸으면서 생각하고 생각하며 살아가는 인생. 앞에 늪이 없었으면, 공이 물속에 빠지지 않았으면 하고 생각하지만 제멋대로 날아가는 것이 공이다. “아, 갈색 소나기”라고 감탄했던 그 친구도 나와 같은 생각을 하지 않았을까 하는 느낌이 있어 오래오래 기억된다. 루소가 지금 나와 같이 푸른 하늘을 바라보며 잔디 위를 걷고 있다면 하는 느낌 말이다.

지금 우리는 찬란한 문화와 문명 속에 살아가고 있다. 결코 자유롭게 생각하며, 행동하며 살아갈 수 없는 세상을 살아가고 있는 것이다. 아무리 악한 사람이라도 인간 본연의 모습은 선이다. 사랑이다. 자유롭게 살아간다는 것은 자기 자신의 원래 모습인 ‘선, 그리고 사랑’으로 돌아간다는 것이다.

이것이 행복하게 살아간다는 한 조건이 된다. 짙은 초록색 잔디밭을 걸어보자. 갈색 소나기를 맞아보자. 푸른 하늘을 바라보며, 감사하며 행복하게 살아보자.

Brown Shower

We walked on the same grassy field where we walked yesterday. But the feeling of the grass was different from yesterday. So were our thinking and behavior. Walking on the short grass, long grass, in bushes and under trees made me appreciate the beauty of nature. I could not stop thinking about my existence and living in the beautiful nature given by God. It is human nature to be a 'Good person." Returning to nature is returning to 'Goodness and Love'.

Today was a day that I recalled an incident. Our couple and one other well known couple were playing a round of golf. Three players were struggling to hit better, but a lady with us was not. She must be preoccupied with a serious matter, I thought. She did not worry about wherever the ball flew, but instead was looking up at the sky or at the bushes, sometimes smiling.

We paid as much as $100 per person to play golf, but she

seemed to not care. I continued to play my golf game, trying not to concern myself with how she was doing. She kept on looking around at the leaves on the ground. Suddenly, she shouted, "Ah, Brown Shower…" Since then I'll never forget her words of 'Brown Shower.'

In fact, she was enjoying the beauty of nature, not golf. She was enjoying and looking for herself among nature rather than playing golf, which was to her a social tool only. Philosopher Rousseau, the writer of "Confessions" and "Meditation" was fond of walking and saying, "When I walk by myself, I think of myself and of my rich life. The walking provides me vividness of life and time to think of me. My body moves to move my spirit." How impressive!

How can I express the joy and vividness of myself when returning from a golf tour? Thinking by walking and walking by thinking! When you wish to hit ball straight, it flies into the water. But, it's O.K. Is she thinking about the brown shower as I do now? Is Rousseau, also, thinking about walking through grass now?

Nowadays, we are living in a splendidly civilized and cultured society. We are living in an absolutely free society. However bad a person may be, his basic spirit is 'Goodness' and he also deserves to live together with us in freedom. To live in freedom is God's grace which is given to us in 'Love and Goodness'. It is one of the conditions that we have to be able to live in this free world. Let's walk through green grass field and experience the brown shower.

When you can understand the real meaning of brown shower, you will appreciate nature. Thank God that we are under your grace and can enjoy nature.

엄마의 눈물

이 세상에서 가장 아름다운 눈을 가진 사람은 누구일까? 클레오파트라였을까? 양귀비였을까? 황진이였을까?

이 세상에서 최고의, 최초의 내 스승은 누구였을까? 페스탈로치였을까? 춘원이었을까? 글재주가 있다고 칭찬 받은 아들을 "글 공부란 재주보다 노력이 더 필요하다"라며 앞으로 10년을 너는 절에 들어가 노력을 하거라 한 한석봉의 어머니였을까?

역사를 돌아보고 주위를 살펴보면 참으로 훌륭하신 명사들이 헤아릴 수 없이 많다. 그러나 적어도 나에게만은 조금 다르다. 내가 느끼고 보이는 가장 아름다운 눈의 소유자, 내가 가장 먼저 이 세상에서 만난 사람, 내가 가장 존경하는 스승, 이 분은 바로 나의 어머님이시다.

분만하러, 방으로 들어가기 위해 고무신을 벗으며, 마음 속으로 내가 다시 이 신발을 신어 볼 수 있을까? 하며 독한 마음을 먹으며 방안으로 들어가셨다는 옛날의 어머님들! 전화 한통화면 구급차가 달려와 고이 모시고 가서 별 고통없이 분만하는 지금도 산고의 고통은 고통 중 고통이라 하는데 어머님의 시대에는 어떠했을까? 그런 고통후에도 나를 품에 안고 즐거운 마음으로 젖을 내입에 물려주셨을 어머님을 생각해보니 무슨 말을 하여 하늘나라에 계신 어머님께 감사를 드려야 할지 모르겠다.

한평생을 살면서 어머님의 눈은 잊혀지지 않는 가장 큰 부분이다. 어머님의 눈은 어찌나 그리 아름다웠는지 그 눈만 바라보면 몸이 괴로우신지, 즐거우신지, 슬프신지, 사랑스러우신지, 칭찬을 하고 계신지, 야단을 치고 계신지, 다 읽을 수가 있었으니 어머님의 그 눈은 정말로 사랑의 눈이요, 자비의 눈이요, 용서의 눈이며, 그야말로 신비의 눈이었다.

그 눈은 내가 어디가 아픈지, 괴로운지까지도 찾아내어 자기 가슴속에서 녹여주시는 용광로 같은 사랑의 눈이셨고, 나를 선한 길로 이끌어 주시는 교육의 눈이기도 했다. 내가 보아온 그 누구의 눈도 엄마의 눈과 같은 눈을 가진 스승은 한번도 본 일이 없다. 엄마의 웃음속과 눈 속에는 무한한 신비가 있었다. 웃으시는 그 얼굴안 눈망울 속에는 언제나 신비로 가득차 내가 그 안으로 녹아들어 가는 것 같은 느낌, 이것이 내 생애 최고의 스승의 모습이요, 이 세상 누구에게서도 찾아볼 수 없는 눈동자였다. 그런데 그 아름답고 위대해 보이던 눈에서 눈물이 흐르는 것을 보았다. 그것도 많은 사람들이 바라보고 있는 김포공항 출국장 안에서, 내 생애 처음이며 마지막 눈물을 보이신 것이다. 무슨 눈물이었을까? 엄마 자신도 미국유학을 꿈꾸시며 고등학교를 졸업하시고 다시 영어만을 배우시기 위해 배화여고를 다니셨다는 당시의 신세대 여성 중 한 분이었을텐데, 김연주, 나혜석과 같은 여성 해방운동가의 영향을 받으셨나? 평생을 사시면서 직설적 화법으로는 말씀은 없었으나 간접화법으로는 자주 말씀을 해주신 것 같다. 이들과 동연대를 사시면서 이들과 같은 행동을 함께 한 것은 아니지만 비슷한 생각을 하시면서 살아가신 것은 틀림이 없는 것 같다. “어린이의 운명은 언제나 그 어미가 만든다”라는 말을 나폴레옹이 했던가? 재주만을 믿지 말고 노력으로 극복하라는 한석봉의 어머니의 가르침과 같이 언제나 바르게, 어디서나 진실하게 무엇이든 용기와 신념을 가지고 하라

가르치시던 그 엄마가 내 앞에서 소리없이 눈물을 흘리고 계셨다. 아버지가 개신교의 목사였다는 엄마, 언제나 강인한 정신력을 보여주시려 노력하시던 그 엄마가 눈물을 흘리고 계셨다. 희망과 사랑을 따라 내일을 바라보며 떠나는 나를 웃음으로 떠나보낼 줄 알았는데 갑자기 눈물을 보이시니 참으로 황당하기까지 했다. 무조건적인 피의 사랑이 엄마의 가슴을 때렸을까? "어린아이를 품에 안은 어머니처럼 보기에 깨끗한 것이 없다"라고 괴테가 말한 것과 같이 나의 어머님은 나를 다시 자기 품안에 안고 계시었다. 나는 얼마전 사십이 넘은 딸의 고통스러워 하는 모습을 옆에서 지켜보아야만 했다. 구급차에 실려가 병상에 누워 통증을 호소하는 딸의 몸부림 치는 모습을 보며 저 고통을 나와 나누어 가질 수는 없을까? 하며 뜨거운 눈물을 흘려보았다. 순간 이 눈물이 바로 나의 엄마가 공항에서 내게 보여주신 뜨거운 눈물의 한 부분이 아니었을까 생각했다.

Tears of Mother

Whose eyes do you think were the prettiest in the world? Cleopatra, Yuan Princess, or Hwang Jinhui? Who do you think was the best teacher in the world? Pestalozzi or Chunwon? Is it the mother of Han Seokbong, who forced her son stay at a Buddhist temple for 10 years, telling him that fruits of study come from endeavor not talent?

When you look back at history or around yourself, there are so many respectable people. But, it is a little different for me. It is my mother who had the most beautiful eyes, the first person I met, and my most respected teacher. There is an old saying that a mother goes to the labor room to bear her child and looks at her shoes, thinking she would be very lucky if she could complete her job safely and be able to put on those shoes again. How scared they must have been to have babies then! How thankful I was to have babies not then, but to be able to achieve a baby borne under all kinds of assistance and safety measures of this modern era. I am thankful to my mother who was probably smiling while watching me getting her sweet milk directly from her breast, or from her heart. She must have been very happy watching her baby sucking and sleeping peacefully in her arms. Thank you, mom.

The eyes of mothers are those you can not forget for the rest of your life. What beautiful eyes she had! I could tell whether she was happy, sad, loving me, praising me, or scolding me when I looked at her two eyes. Her eyes were full of love, compassion, forgiveness and mystery itself. Her eyes knew whether I was ill or sad. The eyes were good teachers' eyes like an iron furnace that melted all my illness and sadness in a second. I have never seen any teacher who had the same eyes my mother had.

There were indefinite mysteries existing in her smiling eyes. I felt as if I was smearing into her eyes of the greatest teacher of the world. They are things that I could find anywhere else in the world. But, one day, I saw tears from these great and beautiful eyes. She was crying at the airport terminal sadly, watching me when we made our trip to United States. How could I know that it would be the last time I would ever see those eyes again! What made her cry? She was one of the most modern women of her time, who was dreaming of coming to America. She went to Baehwa Womens' High School after graduating from other high school to learn English more. She must have been influenced by women liberalists like Kim Youngjoo or Na Hyeseok who were famous among liberationists of that time. She spoke about them frequently.

I remember Napoleon once said that mothers greatly influence a child's life. I think my mother had been telling me in her tears that day that I should not only depend upon talent, but also endeavor to do my best. She was a daughter of a protestant Pastor and was showing me tears while telling me to be smart and strong. I thought she would send me off cheerfully, thinking about someone who was leaving for a new world, but inside, it was only departing from her baby. Did unconditional love hit her heart at that separation moment? As Goethe said, "There is no cleaner look than mothers who are embracing their baby." She was embracing me, in fact! I had a similar experience when I was watching my daughter of 40 years, who was agonizing so hard while carried out to the hospital. I wished I could share the hurt with her and thought it must be the same that my mother felt at the airport.

아버지의 보수, 딸의 진보

밤 늦게 돌아오는 딸과 마주친 아버지가 딸과 몇마디 말을 주고 받더니 아버지의 손이 딸의 빰을 찰싹 친다. 여기에 질새라 딸은 듣기에도 민망한 F자로 시작하는 욕을 아버지한테 내뱉듯 소리치며 제 방으로 들어간다. 한국말로 번역된 욕이었다면 부녀의 싸움은 여기에서 끝이 나지는 않았으리라. 다행히도 아버지는 영어에 조금은 무디어서인지 멍하니 서 있다가 자기 방으로 들어간다. 사십년의 미국생활 중 처음보는 장면이었으며 영화나 드라마에서도 이런 장면은 본 기억이 없는 나로서는 충격이 아닐 수 없었다.

미국에 이주한지 아직 십여년 밖에 되지 않는 비교적 여유있는 생활을 하며 재미있게 살아가는 가정으로 생각되었었다. 사실 경제적으로도 여유가 있어 중상층의 집에 좋은 차에 직업없이 매일 골프로 소일을 할 정도이니 고생고생하여 여기에 이른 나로서는 부럽기까지 할 정도였다.

나도 조금 늦게 이곳에 이주를 했더라면 하는 생각도 나게하는 형편이었다. 그러나 그들에게도 고민은 있었다. 외동딸의 앞날을 생각하고 자신들의 노후를 생각해서 이곳으로 이주를 해 부모는 그럭저럭 살아가는데 하나 있는 딸아이가 자기들 마음에 들지 않게 행동하며 추할 정도의 생활을 한다는 것이다. 어느 부모가 자식을 사랑하지 않을까? 어느 부모가 자식의 앞날을 위해 기도하지 않을까? 쥐면 깨어질까, 놓으면 날아갈까, 이렇게 기가 막히게 아끼며 길러온 것이 자식이 아닌가? 몸이 조금 고달프면, 마음이 조금 슬플때면 사랑하는 자식이 성공한 모습을 머릿속에 그려보며 즐거운 마음으로 슬픔도 고통도 이겨내며 살아가는 사람들이 부모라는 이름으로 불리우는 사람들이 아닌가?

그러나 조금 생각을 바꾸어 성공대신에 평범하면서도 행복된 생활을 하는 자녀의 미래를 바라보고 상상할 수 있다면 이 얼마나 아름다운 사랑이며 위대한 사랑인가? 훌륭한 부모는 자녀에게 성공으로의 경쟁심을 부추겨 주기 보다는 폭풍이 몰아쳐도 요동하지 않을 깊은 사랑의 뿌리를 심어주는 것이 아닐까 생각된다. 평범한 생활관, 훌륭한 사랑관, 올바른 자아관을 심어준다면 이보다 더 훌륭한 부모는 없으리라.

아이들의 눈높이에서 대화를 해보자. 아이들을 내 눈높이에 놀려놓고 대화를 하려 한다면 여기에는 사랑이 없고 이해도 없는 말의 일방통행, 즉 명령밖에 없다. 나의 자아가 생명체요 아이들의 자아도 생명체임을 알고 언행을 한다는 것, 여기에 사랑이 있고 이해가 있으리라.

인내심을 가지고 대화를 해보자. 처음은 어려우나 말을 조금씩 하다보면 공통분모를 찾게 되어 있다. 그러는 사이에 부모의 은혜를 가르치지 않아도 자연스럽게 부모의 소중함을, 감사함을 알게 되겠고, 신앙심도 키워줄 수 있으리라. 바울 사도는 자녀들아 모든일에 부모에게 순종하라. 이는 주 안에서 기쁘게 하는 것이니라 말했다. 또 예수님은 네 부모를 공경하라 하시고 또 아비나 어미를 훼방하는 자는 반드시 죽으리라 하신 말씀을 부모가 아닌 성직자의 말을 통해 배울 수 있다면 진보적인 아이들이 보수적인 진보가 될 것이요. 이렇게 만들 수 있다면 부모는 보수적인 진보의 자리에 앉게 되는 것이 아닐까?

불교의 「부모은중경」에 의하면 팔만사천섬의 부모의 젖과 피와 사랑을 먹고 한 생명이 자란다고 한다. 이렇게 온갖 고생과 정성을 다해 키워놓은 자식을 잘못된 길로 내칠 수는 없다. 그러기엔 너무나도 억울하지 않은가!

"가엾어라, 부모님 나를 낳아서 이렇게도 고생을 하시다니" 하는 『시경』에 나오는 표현으로 부모의 기대에 부응하지 못할 어리석음을 토로는 못할지라도 부모님 덕분에 행복하게 되었다는 말을 할 수 있게 할 수 있지 않을까?

행복이란 신념과 의지에 문제이기 때문에 유산으로 넘겨줄 수도 받을 수도 있다. 기독교의 근간이 되는 십계명중 다섯 번째 계명이 "네 부모를 공경하라"이다. 나는 나의 부모를 제대로 공경하지 못했다. 그러나 지금와서 생각하니 어떻게 하는 것이 부모를 공경하는 것인가를 어렴풋이나마 알 것 같다.

이슬비를 맞아보자. 처음에는 별 것 아닌 것 같으나 결국은 온 몸을 흠뻑 적셔놓지 않는가?

조금씩 조금씩 알려주자. 성공의 열쇠를 주려는 노력 대신에 행복의 주소를 알려주자. 보수를 고집하지 말자. 진보를 질책하지도 말자. 연결되는 대화를 하자. 레모네이드 향기 같은 사랑을 주자. 너의 자아, 나의 자아가 한 뿌리에서 나온 같은 나무의 가지요, 열매요, 잎새임을 알려주자.

나의 편견이 내 눈을 어둡게 하고 있고, 나의 욕심이 나를 보는 눈을 어둡게 하고 있음을 믿어보자. 여기에서 내일이 보이고 미래의 꿈이 보이리라.

Conservative Father, Progressive Daughter

The father suddenly slapped her daughter's cheek, as she returned home later that evening, after they had talked about something serious. The daughter did not wait, but shouted at her father with a word beginning with F and hurriedly went to her room. If it had been spoken in Korean and if he had understood meaning of the word, he probably would not have let her go, but he did not understand the English language that well, especially American dirty words. Her mother was shocked to see such a scene, that she had never experienced before even in the movies or T.V. dramas, during her 40 years of her American life.

I thought they were a relatively rich family who had lived in America about 10 years and were enjoying their life playing golf. They were living in a large luxury home, had expensive cars and were enjoying retired life playing golf everyday. I had even been a little envious of them.

I had been thinking that we should have come to United States a little later after we had become richer, seeing their luxurious life. However, they also had their own dissatisfactions, apparently. They had come to United States to raise the only daughter better, but the daughter did not do as they wished. She did not spend her time as her parents wished. She even spent her days without any self control at all. They came to United States to raise their only daughter happily and to have a good life, but it did not go that way. Are there any parents who do not want their children to become better and enjoy a happier life! All parents wish their children to be properly acclimated along with a given society life and dream of their children's success. They wish to enjoy the dream whether they are tired, sad or even happy.

Success! Is it a word really necessary to our life? Does a good life and happy life mean the same thing? Every parent wants their children's lives to be good and happy. It is love! A great love! When parents force their children to succeed too much out of goodness or happiness without breaks, they may become confused or lost. Don't you think we should lead them the right way, so they can enjoy an ordinary life? Don't you know extremely good or extremely happy are too dangerous? Too much of a good thing does not always bring happiness, and too much happiness is not always good. I think it can be controlled by love only. You should talk with children placing your eyes at their level. Then, demonstrate your love.

You will find the common denominator when you try to go step by step toward your children soon. They will realize importance of parents not too long when your children begin understanding you. They know they should appreciate, but sometimes do not want to express it. They should listen to Jesus' words, "Honor your father and mother and any one who curses his father or mother must be put death" and Apostle Paul's words, "Honor your father and mother which is the first commandment with a promise." If the children learn these words from church, they can become a conservatively progressive person. You can also become a conservatively progressive person, too.

According to Buddhist scripture in "Parent Grace", a life is created and grown by as many as 84,000 bags of parent's milk. It's too much of a loss to lose a child who goes the wrong way! Buddha said; "Poor parents! You spent such hard and sad time to raise a child." You should be able to hear your children say that they were so happy because of you, although they won't say that they regret not being able to accommodate your expectations.

The happiness may be exchanged by material as it was result of appreciation of happiness. One of the Moses' ten commandments is to obey your parents. I could not love my parents as taught, but I think now I know how to love. Let's get out and be under foggy rain, it will gradually make yourself wet with the grace of love.

Let them know little by little. The key of success is not teaching how to get there, but letting them know the direction or address.

Don't scold progressiveness, but open up the conversation. Let us give them fragrance of lemonade and let them know we are the same human beings that came from the same root. Have you ever thought that your strong desire has blocked love from your vision? Open your eyesight wide and high, then, you will get dreams of the future!

너 그리고 나

인간은 만남으로 시작한다. 어머니와의 만남, 형제와의 만남, 친구, 스승, 선후배… 이렇게 인간이란 만남을 떠나서는 단 하루도 살아갈 수 없다. 인생이 끝나는 날까지 만나고 또 만난다.

이 만남에는 종류들이 있다. 행복한 만남, 불행한 만남, 유식한 만남, 무식한 만남, 사랑의 만남, 미움의 만남 등등이다. 우리는 어떤 것을 추구하며 살아가고 있을까? 대부분의 사람들이 행복한 만남, 사랑의 만남을 원하고 살아가고 있다. 여기에는 대가가 지불돼야 한다. 성경은 '네가 받고자 하는 대로 남을 대접하라'고 가르친다. 또한 불교에는 '보시'라는 말이 있다. 깨끗한 마음으로 아낌없이 주라는 뜻이다. 누구든지 상대방에게 융성한 그리고 인격적인 대접을 받고 싶어한다. 그렇다면 먼저 그렇게 주어야 한다는 말이요, 그리고 보시가 있어야 서로의 관계가 원만해진다.

너 그리고 나는 인격을 가진 존재임이 분명하다. 인격과 인격이 접촉하여 소리가 나지 않고 융화되어 공동체를 이루어 나가자면 지식과 배려와 이해가 필요하다. 우리는 스승으로부터 지식만을 배우는 것이 아니라 배려와 이해도 배워야 한다. 또 사랑을 외치지 않는 종교는 없다. 그럼에도 너와 나의 만남은 그 깊이를 잃어가고 있다. 서로가 사색하는 방향이 다르고 깊이가 다르기 때문이다.

회의하고 생각만 하는 햄릿형, 사색은 하는데 신념이 부족한 돈키호테형, 깊은 생각을 하며 행동하는 파우스트형의 사람들이 현대를 살아가고 있다. 너 그리고 나는 어떤 형의 사람일까? 누구나 다 깊이 생각하면서 살아가야 하는 것은 분명한 일이다.

사색하며 행동하는 파우스트형의 지식인, 이런 사람이 많은 사회, 이런 사상을 가진 사람이 많이 모인 모임. 이런 행동을 많이 장려하는 단체는 영원히 발전하리라 믿는다.

너 그리고 나의 만남이 파우스트적인 인격체의 만남이라면 이것이 바로 너 그리고 내가 원하는, 그리고 바라는 것이 아닐까? 우리 모두가 마음을 모으고 정성을 다해 생각하며 행동하고, 행동하며 깊이 생각하는 사람이 되었으면 한다.

You and I

Relations between human being begin with meetings. We meet with mothers, brothers, sisters, kin, friends, teacher, seniors··· In human society, we can not live if there are no meetings. We keep on meeting as long as we live in society.

There are so many kinds of meetings. There are happy meetings, sad meetings, intellectual meetings, ignorant meetings, lovely meetings, and hatred meetings. Most people live expecting meetings of love and happiness. You must pay the cost for them. The Bible said, "So in everything, do to others what you would have them do to you, for this sums up the law and the Prophets." It all means that you should give out unsparingly. Every one wishes to get good treatment from others. If you want that to be so, do it before they do something for you and give out whatever they want.

"You and I" are human beings of different characters. Combining different individual characters needs to be done gracefully with minds of understanding and caring for one another. To build a good society, you certainly need to be intellectual, have a caring mind and an understanding of your society. We must learn not only intelligence from our teachers, but also, how to care for and understand others. There in no religion that does not claim "LOVE". However, meetings of "You and I" are losing the depth of love. I think it is because "You and I" have different thoughts due to different personalities. There are a variety of people who live in this society, Hamlet doubted society, Don Quixote did not think, and Faust was thinking and acting deeply. What kind of life are "You and I" living? Truth is that humans must live thinking deeply.

I believe the society that is constituted with those persons who think and act like Faust will survive forever. How good it will be if society is full of Faust like persons! "You and I" wish to be Faust like persons, too.

유람선 떠 있는 백마강

낙엽이 떨어지는 어느 가을날 백제에서 제일 길고 크다 하여 이름 지어진 백마강 16km를 찾아 유람선을 타 보았다. 이름대로 호화로운 선박도 아니요, 그렇다고 그렇게 초라한 배도 아니었다. 승선하면서부터 느낀 것이지만 백제의 옛 고도 부여, 그 중에서도 백마강에 띄워진 유람선이라면 백제의 이름만큼이나 호화스러워야 할 것 아닌가 하는 생각이었다.

과거 역사를 돌이켜 생각하며 물결을 스치고 지나가는 배 안에서 어느 지점에 오니 그렇게 와보고 싶었던 낙화암이었다. 삼천 궁녀가 치마를 둘러쓰고 떨어져 죽었다는 낙화암! 소정방과 김유신의 연합 군대가 공격을 하니 의자왕은 계룡산으로 옹진을 하고 궁녀들은 최후까지 정절을 지키기 위해 떨어져 죽었다는 낙화암.

의자왕 한 남자를 바라보며 그렇게 많은 여인들이 일생을 그저 소모품으로 지내야 했다니 정말로 안타까운 일이 아닌가. '여성은 남성을 위한 소모품이 아니야'라고 절규했던 페미니스트 김연주씨를 생각게 하는 시간이었다. 여성은 어머니가 아니면 창녀라는 이분법적 기독교 사회에 반기를 들고 '여성은 또한 남성을 위한 장식품이 아니다'라고 외쳤던 목사의 딸로 태어난, 행동하는 신세대의 대표적 여성의 한 사람인 그의 외침이 떠오르는 장소였다.

역사가 말해주듯이 우리 선조들은 여성을 그저 노리개 정도로 생각하고 행동했다. 그러한 편견에서의 해방을 가장 강조한 것은 17세기 영국의 『경험론』의 창시자 베이컨이다. 우리는 그의 이론을 너무도 잘 알고 있다. 편견은 곧 우상이라는 그의 주장이 머리를 스치고 지나간다. 종교적, 성적 편견, 이런 것들이 가져다 준 편견적 사회가 결과물로 보여주는 곳이 '낙화암'이다.

의자왕의 편견의 극치를, 그보다도 우리 선조들의 여성 편견의 정수를 적나라하게 보여주는 웅장한 바위돌이 칼로 깎아 세운 듯 서있어 보는 마음에 슬픔을 느끼게 한다. 옛날이나 지금이나 변하지 않고 있는 진리의 하나는 인간은 허욕과 망상의 노예가 되기 쉽다는 것이다.

허욕과 망상은 정견의 자리에 편견을 들여 놓는다. 그러면 이 편견은 오판을 잉태하고 오판은 그릇된 행동을, 그릇된 행동은 그릇된 결과를, 그릇된 결과의 잉태는 불행을 출산한다.

한 두 사람의 아집이 이렇게도 무서운 결과를 초래했고 몇 사람의 허욕이 수많은 후세들의 가슴속에 안개로 남아 있어 근대 여성사에 페미니스트들에게 고통을 안겨 주었다.

바꾸어 놓을 수 없는 역사의 한 줄기에 오늘은 더 값지게 살아가야만 되겠구나 하고 다짐해 보는 사람들이 얼마나 많을까? 낙화암 절벽 군데군데 자라는 고란초는 유난히도 외로워 보였다. 절벽 바위 틈새 사이로 파란 줄기를 내밀며 자란 풀. 낙화암에서만 볼 수 있다는 식물. 많은 사람들은 삼천궁녀의 혼이 저 식물이 되어 저 절벽에 자라고 있다고 믿는다.

절벽 위의 고란사의 저녁은 풍경 소리와 함께 온다. 고요함 속에 들리는 풍경 소리는 어두움을 재촉하는 듯 하며, 멀리서 들려오는 소쩍새 우는 소리는 여인들의 원망 소리인지, 미련의 소리인지 가슴 속을 파고드니 그 쓰림을 말로는 형언할 수가 없었다. 아집과 허욕의 조상을 원망하는 소리일까? 여성의 권리 신장을 외치던 선배들에 대한 찬양일까? 소쩍새 우는 백마강에는 어두움이 짙어가고 풍경소리가 요란해 지고 있었다.

Pleasure Boat on Baek Ma Gang

One day in Fall, we went and took a pleasure boat at Baek Ma Gang (river) which was named after a lengthy river of 16 kilometers. It was not so splendid, but not so shabby, I thought. If they wanted to show the greatness of the Baekje Kingdom, it should've been more spectacular so that they could attract more spectators.

While we were cruising, we finally came by "Nak Hwa Am" a sight I had eagerly wanted to see since my childhood. It is said that more than three thousand court ladies of the Baekje Kingdom had thrown their lives from that cliff called 'Nak Hwa Am'! Armies of Shilla General Kim Yushin and Dang (Chinese) General So Jeongbang attacked and Uija, King of Baekje, had to retreat from Gyeryongsan Fort. Their spirit of virginity toward the king made them throw their lives into the river.

It was a moment to remind myself of the famous feminist and pioneering activist Kim Young Joo who claimed, "Women are neither consumption goods nor belongings of men." She fought with her father, who was a protestant church pastor, that women had not been born to comfort men. The 'Nak Hwa Am' was a place that reminded me of her as one of pioneers of society in dark era.

As history described, our ancestors thought and treated women as men comforting tools, as did her father. Roger Bacon of the 17th century was a leading English philosopher and pioneer of 'Theories of Experience', who emphasized freedom from a biased view of society. He said a biased view is nothing but idolatry. It seemed that such a biased view of religion, sex, etc. had resulted in the incident of 'Nak Hwa Am'.

The steep rocky cliffs at 'Nak Hwa Am' which seemed extremes of biased view of King Uija, are standing still as if they did not mind my thoughts as far as there were crowded spectators watching it. It made me sad that any human could be a slave of vagrant fancy and false desires.

The vagrant and false desire accompanied with biased views will bear misjudgments, act falsely and then reach a miserable life. A few peoples' egotism creates serious results. It makes many modern women become feminine activists hurting themselves. I thought there must be many who were thinking of how happy it was to live in a modernized society, not like how the Baekje court ladies did.

Many orchids were seen here and there by the cliff and they looked somewhat lonesome. It looked like the souls of those court ladies had gotten into the orchids. The Ko Ran Sa temple on top of the cliff was singing with wind chime bells, as if they were welcoming us. To me they sounded like the weeping of the Baekje court ladies wishing visitors not to be like they were any more. Were they scolding the vagrant fancy or false desire of human beings, or praising and encouraging those feminine activists?

출생지 사이따마

생전 처음 보는 농악 놀이에 혼이 나가 인체에 가장 기초적인 배출까지도 잊어버리고 버티며 구경하다가 마지막 순간에서야 집을 향해 뛰었으니 이미 때는 늦었다. 집으로 달려가는 동안 바지에 큰 것 작은 것을 모두 실례를 해 버리고 집에 도착했을 때는 제대로 걷지도 못하고 어기적거리고 있으니 어머님이 그냥 지나치실 리가 없다. 불러세워 놓고 바지를 보니 축축이 젖어있고 고약한 냄새까지 나니 그 뒷얘기는 하나마나.

깨끗하게 닦아주시고 새 옷을 입혀주시며 하시는 말씀 “여기는 한국이다. 일본이 아니라는 말이다. 그러니 급하면 길옆이든 밭두렁이든 아무데서나 잠시 일을 보아도 괜찮다”는 것이었다. 이 말은 남편한테서 몇 번을 들은 얘기다. 일본에서 태어나 여덟 살 때 한국으로 돌아온 그는 가끔 일본에서의 생활이 그리운 듯 생각나는 것을 들려주곤 했다. 자기 기억으로는 코를 푼 종이는 반드시 자기 주머니에 넣거나 휴지통에 넣어야 되고 길거리나 논밭에 서서 실례를 하다 어머님에게 들키면 틀림없이 회초리가 따라 왔다는 것이다. 걸음마를 배우면서도 습관이 이렇게 되어 있었기에 그것이 조금도 불편하거나 이상하게 느껴본 일이 없었는데 갑자기 여기는 한국이지 일본이 아니니 아무데서나 실례를 해도 괜찮다는 말씀이 일생을 살아오는 동안 자기 머리에서 떠나지를 않는다는 것이다. 전쟁 중에도 일본 주민들은 이러한 정신무장을 하고 있었기에 패전 후에도 그들의 정신력은 그렇게도 강인했던 것 같다.

현재 살고 있는 이 땅에서도 가끔 길거리에서 종이를 줍고, 쓰레기를 집게로 줍는 등 그냥 지나치려 하지 않는다. 더구나 요즈음 한국에서 일어나는 계몽운동중 하나가 담배꽁초 아무데나 버리지 말기, 휴지 아무데나 버리지 말기 등 여러 공중도덕에 관한 범국민적 차원의 운동이 벌어지는 것을 보면 조국이 경제적으로 많은 발전을 했어도 정신적 차원에서는 아직 기초가 튼튼치 못한 건물을 바라보는 것 같아 안타까운 마음이 든다.

혹자는 한국이 일본에게 몇 년정도 뒤졌다며 어떤 분야에서는 일본을 능가하고 있다는 말을 하는 것을 여러 번 들었다. 나는 이 말에 머리를 갸우뚱 하곤 한다.

물질 문명이 정신 문명을 앞서 갈 수 있을까 하는 생각에서다. 많은 사람들이 경제력만 있으면 덕을 쌓아가며 살아갈 수 있다고 믿고 있으나 나의 생각으로는 덕을 쌓는 그 품성안에서 부유해질 수도 있고 복도 소생한다고 믿고 싶다. 종종 듣는 뉴스이기는 하지만 학생이 선생님을 때리고 성희롱까지 하는가 하면 어떤 선생은 학생을 때려 넘어뜨리고 넘어진 아이에게 발길질까지 하는 장면이 뉴스로 나오는 것을 보았다.

대한민국 건국 이념과 교육 이념은 홍익인간이다. 빨리빨리 문화속에서 경쟁만을 하다 보니 진실이나 희망 같은 단어들은 느끼지도 않고 살아가고 있는 것일까? 우리는 많은 일본인 친구들이 있다. 그들과 대화를 해보면 진실성을 느낄 수 있다. 그들의 대화 속에는 진실이 있고 희망이 보인다. 희망에 물들여져 있는 듯한 느낌마저도 든다.

희망은 생활을 이어가는 활력소이고, 살아간다는 것은 희망을 갖는 것이 아니겠는가! 희망은 또한 가능성에 대한 무한한 신념이기도 하다. 희망이 있는 사람은 얼굴빛이 밝다. 희망을 가진 사람은 웃음이 그 얼굴에서 떠나지 않는다. 희망을 가진 사람은 진실을 말한다. 희망을 지닌 사람은 상대를 존경하고 존중한다. 희망이 있는 사람은 기다림이 있는 인격의 소유자며, 희망을 가진 사람에게는 아름답게 사는 것이 보이며, 바로 사는 것을 꿈꾼다. 남편은 가끔 태어난 곳 아름다운 사이띠마를 자랑하듯 말하며 그 곳 사람들을 그리운 듯 소개한다. 그러나 우리 주변에 절망은 없다.

높은 교육열, 잘 교육된 국민들이니 언젠가는 조금은 더 진실만을 말하며 전 세계 인구의 존경을 받을 희망찬 즐거운 얼굴들만을 거리에서 볼 수 있는 날이 꼭 오리라 믿는다. 태어난 곳 사이따마가 아름답다 하지만 삼천리 금수강산의 운치와 아름다움에 비할 수 있을까!

다 같이 홍익인간의 이념아래 내일 뿐이 아닌 먼 훗날에 대한 희망을 버리지 않고 살아간다면 행복이 자리를 잡으리라.

Born in Saitama

An eight year old boy was watching a 'Nong Ak', a folk song marching along farmland that was frequently seen in Korean rural areas. He was so interested in it and enjoyed the show so much, that he forgot himself and suddenly realized that he needed to go to the bathroom and ran for home as fast as he could. But, he was not able to stop nature's demands. His pants soon became wet and he had to return home limping awkwardly, which his mother did not miss. She promptly gave him new pants and said he should do his business anywhere nearby, even though he had been taught not do this while he was in Japan.

My husband had told me this story several times, as if he missed life in Japan. He returned to his home country of Korea when he was eight years old, with his parents, after end of World War II and settled back in Korea. He was told while he was in Japan that he should not just throw anything anywhere, but to throw it away only in trashcan. He had been taught to keep Kleenex paper in his pocket, and after using it, to throw it away in a given waste basket when available. He became uncomfortable not doing the same thing even when he came to Korea, but his mother told him that it was not necessary to do so, which was very curious to him.

Japanese people were well educated in how to live together in society, and how to cooperate with each other when necessary. It had been the Japanese people whose moral spirit had stood strong even after loss of the war. They had not given up their patriotism toward their country and encouraged themselves to rebuild their country as soon as possible, bearing the difficulties they faced.

Recently in Korea, there has been a lot of societal pressure to throw away cigarette butts, waste papers, etc. in garbage cans. It doesn't seem to be working as well as everybody wanted. To me, it is like a somewhat slightly unstable building which might fall down at any moment. Some in depth studies of Japanese culture have found a few areas where Korean culture was more "superior" than Japan's, but I could not admit it.

Can a materialistic society lead to a spiritual revolution? There are some who think that economical progress leads to peace and happiness. But I think differently, that developing the moral mind is the only way to accomplish true wealth and happiness. Hearing of frequent incidents involving teachers' sexual abuses and violence against students, I was so ashamed to say that I was a Korean native. Isn't the motto of the Republic of Korea 'Hong Ik In Gan' which means that every one should live for the sake benefitting humanity? Since we have been hurrying here and there, we have all but forgotten the spiritual benefits and only chased the material benefits.

We have a lot of Japanese friends, and we often feel truth from them. We are jealous of them because of their spirit of hope for their people. Their hope is a certain vividness of life and an endless belief in their possibilities. Those who have hope smile, speak the truth and respect others. Those who have hope wait and are owners of good characters. Those who have hope see the beauty of a righteous life.

My husband always speaks of 'Saitama' proudly, missing life in the country of his birth. They are people of high education, well trained with moral spirit and people of real patriotism, worthy of respect. However, the beauty of 'Saitama' cannot be compared to the beauty of Korean mountains and rivers like the 'Keum Su Gang San'. Let us pursue our best for the motto of 'Hong Ik In Gan' so that our children and grandchildren can remember us in later years and recall that we too had lived the motto, 'Hong Ik In Gang'.

신의 작품

'태초에 하나님이 천지를 창조 하시니라'

성경에 나오는 처음 문장이다. 참으로 웅장한 말이요, 위대한 말이요, 아름다운 말이요, 부인하지 못할 진실이다. 나는 성경을 지금까지 몇 번을 읽어 보았다. 성경 안에는 참으로 좋은 글, 아름다운 말, 훌륭한 문장들이 많고 심오한 철학 또한 무수히 많고, 어느 곳은 그 어느 문호도 감탄할 문학적 가치가 있는 아름다운 문장들이 많다. 그러나 이 간단하면서도 엄숙한 한 마디보다 더 찬란하고 더 진실된 글은 찾아볼 수가 없다.

나 그리고 너도 하나님의 피조물이요, 이것도, 저것도 하나님의 창조물이 아닌 것이 없다. 그 중에서도 인간이라는 작품은 작품 중 작품이요, 걸작 중 걸작이 아니겠는가. 의사 친구는 하나님이 어떻게 이렇게 사람을 정밀하고, 세밀하고, 정확하게 만들어 놓았는지 도저히 상상할 수가 없어 믿게 되었다고 말했다. 대학을 다니면서도 하나님을 믿지 않다가 인체의 구조를 배우면 배울수록 더 알 수 없게 되자 하는 수 없이 예수님을 믿는 수밖에 다른 길이 없구나 하고 교인이 된 친구의 솔직한 고백이다.

누가 감히 이 위대함에 도전을 할 수 있겠나! 흙으로 빚으시고 흙으로 되돌려 놓는 그 능력! 누구라서 원망하며 그 누가 막을 수 있을까! 이 세상에는 수십억의 각자 다른 모양을 하고 살아가는 인간들이 있다. 어떤 사람은 흙을 한 주먹 쥐었다 놓은 듯한 얼굴을 가진 사람, 어떤 사람은 참으로 예쁜 얼굴과 아름다운 몸매를 가진 사람, 그러나 모두가 하나님의 작품임에는 틀림이 없다. 하나님의 이 작품에 그 누가 못생겼다 침을 뱉을 것이며, 잘생겼다고 우러러 볼 것인가? 한 어머니의 잿속에서 나온 형제자매도 저마다 다 다른 모양과 성격이 다르고, 생각 하는 것, 행동하는 것도 분명 다르다. 그러나 그것을 그르다 옳다 할 기준은 누가 정하고, 어디에 준하는 것일까? 아마도 각자의 인간관이 아닐까?

팡세의 저자 파스칼은 "인간이란 어떤 괴물이냐, 얼마나 신기한가, 얼마나 괴이한가, 얼마나 혼돈이요, 얼마나 모순이요, 경이인가? 만물의 심판자이면서 불확실한 오류의 덩어리, 우주의 영광이자, 쓰레기, 그러므로 오만한 인간이여, 너는 너 자신에 대하여 얼마나 역설인가를 알아라. 무능한 이성이여 겸손하라. 어리석은 본성이여 침묵하여라. 인간은 무한히 인간을 초월한다는 것을 알아라. 그리고 너희들이 모르고 있는 자기의 진실한 상태를 너의 주에게서 배워라. 신의 말씀을 들어라!" 이 글은 파스칼 자신의 인간관을 간단히 요약한 글이지만 여기에서 우리들은 많은 것을 생각하고 음미해 볼만한 충분한 가치가 있는 것 같다. 셰익스피어의 인간관과는 다른 부정적인 방향이 있기는 하지만 여기에 더 공감이 가는 것은 현실성의 문제인 듯 하다.

"비웃지도 말고, 슬퍼하지도 말고, 미워하지도 말고, 오직 이해하라" 라고 말한 스피노자의 말처럼 신의 걸작 중 걸작을 보고 이러쿵저러쿵 말들을 중단하고 그저 그의 철학에 매료되어보면 어떠할는지. 하나님이 인간을 만드실 때 흙으로 구워 만든 사실은 누구나가 다 아는 바가 아니던가. 처음 구운 것은 경험 부족으로 가마에서 너무 일찍 꺼내 좀 덜 구워져서 흰 색깔이 되었고, 두 번째는 조금 더 구워서 좀 타서 검은 색이 되었고, 세 번째는 두 경험을 토대로 잘 구운 것이 흰 것도 검은 것도 아닌 중간 색깔 황갈색의 동양인, 즉 한국 사람의 피부 색깔을 갖게 되었다는 어느 부흥 강사 목사의 말을 들은 적이 있다. 물론 웃어 보자고 한 말이겠지만 그냥 한 번 웃어 넘겨 버리기엔 너무도 많은 여운을 남겨놓는 말이다.

피부 색깔만으로 열등생, 우등생을 가려 보자는 발상은 물론 잘못된 사고임에 틀림이 없다. 적어도 우리는 다 같이 하나님의 똑같은 작품 중 하나라는 철학에 접근해야 한다. 조금 못생겼다고, 가방끈이 좀 짧다고, 가진 것이 좀 적다고 상대를 무시할 수는 없다. 특히 나와 의견이 다르다는 것으로 상대를 모욕하거나 업신여길 수는 더더욱 없다. 나도 그도 신의 최고의 작품 중 하나이기 때문이다.

비웃지 말자. 미워하지도 말자. 이해하도록 노력해보자. 위대한 신의 작품 하나하나에 접근해 보자. 이것이 신이 만들어 놓은 작품들의 해야 할 일들이 아닐까?

Works of God

"In the beginning God created the heavens and the earth."

It is a first sentence of Bible. It is a first magnificent word, a great word, a beautiful word, and a word of truth, not deniable by anyone. I have read the Bible several times and learned that there are many good, beautiful, and impressive words in the Bible. It contains a lot of beautiful sentences that have impressed many famous writers and philosophers in the world. There is no other place where we can find such a splendid sentence.

Both you and I were created by God, and no one was born without works of God. Certainly, human beings are creatures and masterpieces of nature. One of my friends, a medical doctor, believes that it is truly a mystery how God created the human body with such detail and perfect functionality. He said that he gradually became a believer of God and a Christian as he learned more about the human body.

Who can attack the greatness of God? He is capable of creating humans out of dust and returning them to dust. Is there any one who can stand against Him who created us? We were created with a variety of physical characteristics; some of us still look like a little like clay in the potter's hands while some are as beautiful as flowers. Do we have control over whether we are born ugly or beautiful? No one can live in this world without God. If He wants us to go to the right, while we want to go to the left, which way is the "right" way? God decides the "right" way for us.

Blaise Pascal, a France born Philosopher, said, "What kind of animal is a human being? How mysterious is a human being? How chaotic, inconsistency, and surprising is a human being? God is a judge of the universe; an uncertain mass of haughtiness, glory and garbage of the universe. Know yourself, how you are haughty and foolish. Be silent and know how weak human beings are. Learn how you are ignorant about God and listen to God." This is what Pascal expressed in his thoughts about human beings. We can get many ideas by reviewing Pascal's words, although they are a little different than the views of William Shakespeare, an English play writer. I share many of the same thoughts as Pascal because they seem somewhat realistic.

Benedict Spinoza, a Dutch Philosopher, once said, "Do not laugh at, do not be sad, do not hate, but understand." Does anyone take the time these days to think and philosophize? I remember an evangelical missionary preacher who joked during one of his sermons that God had started making man with some clay in a kiln one day. The first one he completed was taken out of the furnace a little too early and became the ancestor of the "white" European people. The second one was a little too late and became the ancestor of the "black" African people. And finally, the third one was properly baked and became the ancestor of the "yellow" Asian people. Of course, it had been just a joke, but it made us think.

To discriminate based on the color of one's skin is not right, as we are all equally created by God. We must not disregard or ignore any one of our neighbors because of a lack of wealth, perceived lack of education, or differences in opinion and thought, since we are the same creatures of God. It is very fortunate that this country's society is more advanced than others, which has certainly contributed to its prosperity.

Throughout history, there have been a number of people who have challenged God. Peruvians challenged with the 'Matsupiktz' of Inka heritage; Chinese challenged with the 'Great Wall'; Brazilians challenged with the 'Jesus' Statue' at Rio De Janeiro; and Romans challenged with the 'Colosseum' in Rome. And there are many who are challenging God today. I remember a woman in Seoul, Korea, who was despairing during a T.V. news program, "I have nothing; everything has been destroyed by the flood!" What can we do for this old lady's unhappiness? Isn't it better to understand the words of God, rather than to build a 40 foot high, 700 ton building called 'Jesus' Statue'? Do not laugh at others, do not hate others, but try to get closer to God and understand his words. Isn't this what God's creatures should do first before anything else?

얻은 붕어 한 마리

넓은 호수 한구석에 자리를 잡고 두어시간쯤 지나서 함성과 함께 들어 올린 붕어 한 마리, 손가락 길이보다 조금 길었는데 어찌나 팔팔하게 뛰던지 간신히 비닐봉투에 넣고 열심히 지켜보며 즐거워하고 있었는데, 그것도 잠시 그 어렵게 잡은 붕어가 뛰어 다시 호수로 도망쳐 버렸다. 정말로 실망스러운 순간이었다. 그 다음으로는 몇 시간을 기다려도 낚시에 걸리는 물고기는 한 마리도 없었다.

오후가 되면서부터 마음이 조금씩 조급해지기 시작했고 한 마리만 잡아도 좋겠는데 하고 옆에서 낚시를 물에 담그고 있는 친구를 보아도 별 도움이 되지 않을 것 같았다. 집에 돌아갈 시간이 가까워 오니 마음은 더욱 안타깝기만 했다. 낚시를 간다고 며칠을 두고 집안에서 소란을 피우며 준비를 하다보니, 언니 오빠들이 한마디씩, 고기를 얼마나 많이 잡아 오려고 저러는지 알 수가 없다고…

그런터에 빈 손으로 집에 들어갈 생각을 하니 체면이 말이 아닐것은 둘째치고, 낚시질 말고 등산이라도 다녀왔느냐?는 말을 들으면 어떻게 하나 하는 마음에 옆에 앉아서 기다리는 친구한테 걱정어린 말을 했더니, 잡히지 않는걸 어떻게 하라구! 하며 묵묵히 물쪽만 바라보고 있다가 돌아갈 시간이 가까워지니 옆에서 앉아있는 사람한테 가더니 고기 한 마리를 들고 오는 것이 아닌가. 어떻게 된 것이냐고 했더니 사정 이야기를 하고 한 마리를 얻었다는 것이었다.

그 물고기를 비닐 봉지에 물과 함께 넣어 가지고 집으로 돌아오는데 참으로 즐거운 시간이었으며 많은 것을 느껴본 하루였음을 알았다. 준비를 할 때는 월척짜리 붕어를 꿈꾸며 즐거운 마음으로 했는데 이렇게 조그마한 붕어 한 마리를 그것도 얻어 가지고 돌아가고 있으니 마음의 초라함은 감출길이 없었다. 그래도 즐거웠던, 기다렸던, 상상했던 지난 몇 시간들을 생각하니 그저 허송하거나 낭비한 시간들인것 같지는 않았다. 낚시란 기다림의 상징이 아니었던가? 물 속에 낚시를 던져놓고 고기가 물어 주기만을 기다리는 기다림. 물어주면 좋고 안 물어 주어도 좋고 하는 인생수업의 크나큰 배움의 터전인 것 같다.

낚시하면 강태공을 연상하지 않는 사람은 거의 없을 것이다. 곧은 낚시를 물속에 던져놓고 하루종일 기다렸다는 태공의 세상을 보는 눈과 마음은 몇 세기를 지난 지금도 많은 사람들에게 감동과 교훈을 주지 않는가. 여기에 공자도 "강태공은 자기 몸을 수련함과 아울러 천하에 좋은 일을 한 사람이다"라고 평할 정도였으니 그의 인품을 가히 짐작 할 수가 있지 않겠는가. "천하는 한 사람의 천하가 아니라 세상 사람들의 천하니 천하와 이익을 함께하는 자만이 천하를 얻을 수 있다"라고 한 강태공의 말을 보면 그는 그 때에 벌써 민주주의를 외치고 있었던 것을 느낄 수가 있다. 더욱 놀라운 것은 주문왕이 백정 노릇을 하고 있는 강태공에게 "겨우 백정 노릇인가?"하니 태공 왈 "백정 노릇을 옳게 하지 못하는 자는 나라를 잡는 것이지요"라고 대답했다는 것이다. 현재 보다는 미래를, 나 보다는 남을 먼저 생각했던 선각자들은 역사를 뒤져보면 참으로 많다. 꼭 잡아야만 하는, 꼭 큰 것을 잡아야만

하는 낚시는 아닌 것 같다. 마음을 달래며 과거와 현재를 매어 미래로 엮어보며 기다리고 인내해 보는 시간들 이것이 진정한 낚시라는 운동 정신이 아닐까? 나는 이 땅에 살면서도 바다 낚시를 가본일이 있다. 정말로 많은 물고기를 잡아 보았다. 그러면서 즐거운 시간들을 친구들과 배 위에서 보낸 경험을 해 보았지만 지금 생각해 보면 그때 붕어 한 마리를 잡아 놓치고 옆사람한테 얻어 가지고 온 때를 가끔 깊이 생각한다. 나는 비교적 인내심이 별로 없음을 느끼기 때문에 무슨 일에든 인내를 해보려고 노력은 한다. 영국의 여류작가 제인 어스틴이 말했던가? "네 마음의 밭에 인내의 나무를 심어라. 그 뿌리는 쓰지만 그 열매는 달다"라고 말이다. 맛이 있는 열매, 감미로운 열매를 따 먹기 위해서는 쓰디쓴 뿌리를 먼저 삼켜 보아야 되겠지!

달콤한 열매만 따먹겠다고 열심히 달리는 사람들, 기다리지 않고 큰 물고기를 잡아 보겠다고 아등바등 열심히 자리를 옮겨 다니는 낚시꾼, 나무를 밑에서가 아닌 중간부터 올라가 보겠다는 마음, 처음부터 권력의 정상을 휘어잡아 보겠다는 마음, 조그마한 힘만 있으면 사용해 보겠다는 자만자, 참으로 많은 사람들이 낚시의 인내 철학을 모르고 살아가고 있는 것 같다. 큰 것이든 작은 것이든 잡아보자. 그것으로 과거와 현재와 미래를 연결고리로 매어 보는 그림을 그려보자. 이것이 인생을 살아가는 한 방법이 아닐까? 낚시터에서 얻은 붕어 한 마리가 어찌나 예쁘고 아름다웠던지……

A Crucian Carp

I caught a large crucian carp and received a big applause, after about 2 hours of waiting at a nice fishing spot in a big lake. It was so big and fresh that it was very hard to put it in a vinyl bag. I was so happy that I looked and looked the fish, thinking of my family who would now praise me after they had teased me while I had prepared for the trip. But then suddenly I lost the fish as it slipped away from the bag back into the lake. I could not catch even one more fish that morning. How I was foolish to lose it!

I waited nervously as the morning turned into the afternoon, hoping to catch at least one fish that would help me return home without shame. I sat with some friends who were sitting patiently at fishing spots, to see if I could get any tips from them, but I soon realized that they could do nothing for me. I recalled my family teasing me about catching a lot of fish as I left for the fishing trip…they might make fun of me and ask if I had instead gone mountain hiking or played golf if I returned with empty hands! While I was worrying, I saw that one of our companions went to a fisherman nearby and came back with a fish. I asked how she got it and she said the fisherman had given it to her. I then did exactly what she did.

Returning home with a fish in a vinyl bag, I recalled that it had been a very pleasant day and I had learned a lot of things from the trip. I had left home with an expectation that I would catch a lot of large fish, but I returned with one small one given to me by someone else. I was so happy nonetheless because I finally did make the trip after waiting such a long time for such an experience. It had not been a waste of time, but a good opportunity for more similar experiences. Isn't it said that 'Fishing is a symbol of Waiting'? Think of those individuals who put fishhooks into the water and wait for a fish. They do not worry whether a fish grabs the hook or not; they just want to stay still awhile and think.

You all remember the story of Kang Tae Gong, a famous Chinese philosopher who went angler fishing every day, the whole day long and had given lots of teachings to the people. 'Confucius' said, "Kang Tae Gong educated himself and did a good job for the sake of the people and society." Kang Tae Gong said, "The world is not the property of one person, but of many people, and whoever devotes himself for the benefit of people is worthy of obtaining the world." We could see that he had understood the freedom of people and society even then. When King Joomun ridiculed that Kang Tae

Gong could not accomplish much for society, being only a butcher, Kang answered that if King wanted to conquer the big things, he needed to understand the small things first and that he was not even capable of butchers' job.

When you look at history, you find that there were so many pioneers in the world. You cannot necessarily grab only the big things as Kang Tae Gong said. What about waiting and patiently expecting that a better world might come to you by tying the past and the future together. I caught so many fish, indeed, but it made me think about the true spirit of fishing. My fishing trip experience made me realize that patience is a necessity in life and in human relationships. An English woman writer, Jane Austin said, "Plant a patience tree; the root is bitter, but the fruit is sweet." To get a sweet fruit, you must plant and take care of the bitter root first.

There are many people who are chasing after only the sweet fruit. Some fishermen move here and there looking for better fishing spots, while others try to climb trees from middle of the tree and not from the bottom of the tree. Some aim for political power without thinking about what is best for the nation's people. Others sincerely wish to help people, but have little power. Is it not also ironic that those who have power are trying to get wealthier while those who have money are trying to get more power? I decided to be satisfied that day with a small pretty fish from another person's bag and returned home with great joy and many fond memories from a pleasant fishing trip with my family and neighbors.

아름다움이 머무는 곳

한국에서는 한 때 그렇게도 아름답다는 금강산 구경을 가느라 야단들을 하는 일이 기억에 남아있다. 북한에 경제적 원조를 하기 위해 여행비 일부를 정부에서 대어주면서까지 금강산을 구경시켜준 일들을 신문이나 뉴스를 통해 알고 있다.

금강산의 아름답고 그 웅장함이야 말할 것도 없으리라. 그 아름다움을 보기위해 많은 사람들이 많은 돈을 써서 여행을 했던 것이리라. 아름다움에 관해 무관심하거나 의식이 없다면 정신적 색맹이라 했던가? 아름다움이란 우리 인간들에게 영원한 기쁨을 준다(키츠)라는 말을 들어본 일이 있다. 아름다움이란 어찌 금강산뿐이랴. 세계에서 가장 아름답고 자타가 인정하는 그리스의 아테네는 어떠한가? 멋이있고 아름답고 우아하기까지한 아테네! 이 도시를 보고 있노라면 옛날의 화려했던 고대 문명을 상상해 볼 수 있고 그 민족성을 마음속으로 느껴볼 수 있다. 델파이의 아폴로 신전의 대리석 기둥을 보노라면 그 민족의 마음에 아름다움을 한층 더 느낀다. Gnothi Seauton, 너 자신을 알라 라는 글인 것 같다. 옛 그리스 사람들은 외모의 아름다움도 추구했지만 인간의 내면의 밝고 빛나는 아름다움을 추구한 민족이었다. 신의 위대함과 웅장함을 자랑해야 할 신전 대리석 기둥에 Gnothi Seauton은 현대의 종교인들도 상상할 수가 없을텐데 먼 옛날 신성한 신전을 지으면서 이런 글을 써 놓았다는 것은 참으로 깊은 뜻이 있는 듯 하여 보고 또 보고, 생각에 생각을 더 해보게 하는 장면이다. 그리스 사람들은 진실한 아름다움을 추구한 사람들이었다. 현대인들과 같이 외모의 아름다움 보다는 내면의 아름다움을 참 아름다움으로 생각하고 살고 있었던 사람들이 그리스인들인 것 같다.

현대를 살고 있는 많은 사람들은 가장 아름다운 미소의 소유자인 캐서린 모리스 같은 여인을 마음에 흠모하며 살아가는 사람들이 많다. 콜롬비아의 카노크리스타레느강을 보고 그 아름다움에 경탄하는 사람도 많다. 정말로 깨끗한 강이요, 아름다운 강이요, 찬란하기까지 한 강이다. 자연이 만든 최고의 강이요, 신이 만든 제일 깨끗한 아름다운 강인 듯 하다. "아름다움이란 느낄 수도 있고 또 아름다움을 만들 수도 있다. 그러나 그것을 정의 할 수는 없다"라고 말한 에메슨의 말과 같이 아름다움이란 영원한 기쁨의 한 가지인 듯 하다.

나는 가끔 어릴 때 관람한 로마의 휴일이라는 영화를 생각한다. 오드리 헵번 주연의 이 영화는 나에게 많은 감명을 주었다. 그런데 지금에 와서는 그 영화의 주역을 맡았던 오드리 헵번을 자주 생각한다. 그 청순하고 티 없이 아름다웠던 자태를 뒤로 하고 아프리카 오지에 들어가 병들고, 굶주리고, 버림받은 어린 영혼들을 돌보다 이 세상을 떠난 그 아름다운 모습은 그 어느 누구의 미소보다 아름다웠다.

"아름다운 머리카락을 갖고 싶거든 하루에 한 번 어린아이가 손가락으로 너의 머리를 쓰다듬게 하여라. 아름다운 입술을 갖고 싶으면 친절한 말을 하여라."라고 자기 딸에게 말해 주었던 헵번. 여기에 화려했던 배우가 아닌 한 인간으로서의 아름다움이 돋보이지 않는가?

기원전 6세기에 고타마 붓다에 의해 시작이 되었다는 불교의 목표는 보리(깨달음)가 아니던가. 보리가 있어야 자비가 있다는 불교, 예수를 하느님의 아들로 보지 않고 중요한 선지자 중 한사람으로 보는 이슬람

교의 박애, 나는 길이요, 진리요 생명이다라며 사랑을 외치신 예수님 특유의 사랑, 이것들이 머물러야 할 곳이 어디겠는가? 멀리에서 찾지 말고 바로 너와 나의 마음속에서 찾아보자.

아름다운 행동은 보리요 자비요 박애요 사랑이 아니겠는가!

이 세상에 아름다운 것은 참으로 많다. 몸매가 아름다운 여인, 아름다운 산, 아름다운 계곡, 아름다운 꽃, 이런 것들이 우리의 눈에 들어와 우리 인간들의 마음을 조금은 즐겁게 해준다. 그러나 보이지 않는 아름다움도 가슴속에는 있다. 모든 동물들이 먹이를 찾아 움직이듯이 우리 인간들은 행복을 얻기 위해 끝없이 활동을 한다. 행복해지기 위해 오늘도 이렇게 강을 건너고, 산을 넘고, 숲을 지나 열심히 살아가고 있지 않는가! 행복이란 아름다움의 추구이다. 인간 본성은 행동이며, 행동은 행복추구가 아니던가.

여기에서 조금이라도 자족하는 사람, 이런 사람이 마음의 아름다움을 보리라. 누구든 인간은 행동을 하게 되어 있다. 행동을 한다는 것은 무엇인가를 찾아 다닌다는 말과 다르지 않다. 행복을 찾아 뛰며 미친 듯 달리는 사람들, 산 너머에 있을 줄 알았던 행복, 그것이 바로 내 마음속에 있지 않는가! 행복의 꼬리 부분이라도 보는 사람, 그 사람은 아름다움의 주소를 알고 있으리라.

Places Where Beauties Rest

I remember that many of us wanted to go on a tour of 'Geum Gang San', one of the most famous tourism spots in Korea, located in the mountains of the eastern coast, near North Korean territory. The government supported its visitors financially, which in fact was financial aid to North Koreans. I was told that the views at Geum Gang San were so very beautiful and gorgeous that every Korean had wanted to come and see them. Beautiful things always provide us pleasure. Is Geum Gang San the only beautiful place in the world? No, of course not. There are a number of beautiful places, like the city of Athens in Greece. They allow us to imagine what older civilizations were like and appreciate the splendid culture that made up their spirit. We can feel their beauty and spirit when we view the sanctuary tabernacle, oracle of Apollo, located at Delphi, in central Greece. Gnothi Siauton (Know Yourself) which wakes us up to realize that those Greeks in ancient days appreciated not only physical beauty, but also our inner beauty. 'Gnothi Siauton' at a marble pole of the tabernacle from thousands of years ago is a surprising thing that is not even thought about in the present day. I repeatedly looked around and thought about how the Greeks appreciated the real beauty of the mind.

There are so many people today who are looking for beauty, as the Greeks did. A Canadian born American actress, Clara Morris, with a beautiful smile and followed by so many fans, was standing next to a scene from the Kanokristaleneu River in Columbia. It was a beautiful and clean picture with splendid look and feel. Some beauties such as these are visible, but others are not. An American author, Ralph Waldo Emerson, said, "Beauty is able to be seen, to be felt, and to be made, but cannot be defined."

I sometimes recall a movie named 'Vacation in Rome'. A Belgian born actress, Audrey Hepburn, acted so beautifully with her clean and pure face. But then she went Africa to take care of poor and sick children, which was so impressive that I could not forget it. She was not only beautiful physically, but also the beauty of humanity. She said, "If you want beautiful hair, help children to clean their hands and let their fingers touch your hair gently. And if you want to have beautiful lips, speak kind words." It was as if she was talking to her own children. How beautiful her heart was! She was not an actress when she was with the children, but she was just was ordinary human.

In 6th century B.C., Kotama Buddha of India preached that 'Bodhi', the supreme enlightenment, was of the utmost importance, before mercy; and Islam taught Allah's humanity, or philanthropy; while Jesus Christ said, "I am the way, the truth, and the life. Love your neighbors as yourselves." Mercy, humanity and love are indeed beautiful things.

There are so many beautiful things in the world today. Women with beautiful faces, beautiful mountains, beautiful valleys, beautiful flowers, beautiful works, beautiful writings, etc., are pleasant to behold. But, there are also so many beautiful things that are not able to be seen with the eyes. It is the beauty in people's hearts and is sometimes called 'Happiness'. To obtain happiness, we struggle hard, swimming across rivers, climbing mountains, and crossing through bushes.

Who is enjoying a satisfactory life now? Happiness that I thought I could only obtain from far away places is, in fact, in my heart already, not in far away mountains or across rivers! If you see the tail of happiness, you should grab it quickly and find the map that will lead you to true happiness.

구월이면 생각나는

그리 크지 않은 정원에 국화꽃이 피고, 코스모스가 피어날 때면 매년 느꼈듯이 가을이 다시 찾아오는가 보다 생각하며 나도 모르게 가랑잎 떨어지는 나무밑을 걷는 것을 상상해 보며 마음의 쓸쓸함을 느껴본다. 구월이 되었으니 공부를 다시 시작할 마음의 준비를 하던 중 잠시 마루에 걸터앉아 정원의 국화와 코스모스의 아름다운 진분홍색 여덟잎 꽃망울을 유심히 바라보고 있노라니 쉬면서 읽어 보았던 토정 이지함 선생의 토정비결의 한 문구가 생각난다. “봄을 만난 복숭아 꽃이요, 구월에 피는 국화라” 해석인즉, “적절한 때에 적절한 일을 운영함으로써 성취하는 기쁨이 있다”라는 뜻이란다.

가을을 알려주는 코스모스가 한 가지에 한송이 꽃만을 피우며 여덟잎의 깨끗한 꽃을 피우며 바람에 살랑이고 있으니 그 어느 여인의 마음인들 흔들어 놓지 않으랴. 그럼에도 서글픈 마음이 드는 것은 저 아름답고 향기로운 꽃들이 얼마나, 며칠이나 고운 자태를 유지할 것인가에 마음이 닿으니 마음의 쓸쓸함 금할 수 없다.

안데스 산맥의 푸야 라이몬디라는 나무는 백년만에 꽃을 한번 피우고선 삼개월 후면 죽는다고 한다. 사진으로만 본 푸야 라이몬디는 선인장 비슷한 4미터 정도의 키를 가진 나무로 약 삼천개의 꽃을 피우고 난 후에는 백년의 삶을 마친다고 한다. 꽃 한 번 피워보기 위해 백년이라는 세월을 보내고 그 후 약 삼개월쯤 후에는 죽어가는 꽃나무, 거기에 비하면 코스모스와 국화는 매년 피어 사람들을 기쁘게 해주니 정말 예쁘고 고마운 꽃들인 것 같다.

학교 본관 앞에 조그마한 연못 주위에도 코스모스는 많이 보였다. 연못 주위를 따라 삼삼오오 떼를 지어 남녀 청춘들이 방학동안 나누지 못한 얘기로 꽃을 피우는 모습이 일년 전과 조금도 다름이 없다. 젊기에 청춘이라 하던가, 즐겁기에 젊음이요, 희망으로 배를 채우기에 청춘인가 보다. 그러기에 대학시절을 아름답게 보내는 사람은 일생을 아름답게, 즐겁게 보낸다는 말이 아닐는지, 영국의 시인 존 메이스필드는 "지상에서 가장 아름다운 것은 대학이다"라고 말한 것이 기억이 난다. 대학이 진리의 본산일 뿐만 아니라 인생 행보의 초보이기 때문이요, 일생에 가장 중요한 시절을 여기서 보내기 때문인 것으로 믿는다.

진리 탐구의 장소, 대학에 다시 돌아오니 일년 반 전 입학식을 할 때와는 또 다른 기분이었다. 처음 입학을 할 때는 그저 젊은이들에게는 누구나 거쳐가야 할 자연스런 장소인 것으로만 느껴졌으나 이번에는 그렇지가 않았다.

돌로 쌓여진 건물을 바라보니 그 돌 하나하나가 진리로 보였다. 진리가 저렇게 쌓여 대학이라는 이름이 되었으니 진리를 찾아 뛰어야 할 곳이 이곳이요, 우정을 배우고, 사랑을 익히고, 충, 효를 습지하는 곳이 바로 이곳이구나 생각하니 미국 하바드대학 정문에 쓰여져 있다는 VERITAS(진리)라는 단어가 생각난다. 나도 이제 학점 따는데에만 급급하지 말고 진리탐구하는 명제 아래 공부를 해보자 마음을 다짐하고 열심히 학급에 출석하고있는 동안 나도 모르게 봄의 기운이 찾아오고 있었다. 가랑잎을 발로 툭툭차며 마음으로는 봄의 향기를 느끼고 있었으니 좀 어색한 느낌은 있었지만 간간히 행복감을 느껴보는 시간들이었다. 그러던 어느날 옆에 앉아 공부하던 친구가 학교 정문을 지나 조금 나가면 소나무 다방이 있는데 거기서 잠깐 만나자는 메모를 넘겨준다. 그것을 읽어 보고는 가슴이 두근거리기 시작한다. 누구에게 무안을 당하듯, 남의 물건을 훔친듯, 얼굴이 붉어오기 시작하는 느낌이었다. 무슨 말을 하려고 다방에서 만나자는 것인지. 무엇때문이냐고 물어볼 수도 없고 공연히 마음이 싱숭생숭하여 교수님의 강의가 머릿속에 남아주지 않고 바람처럼 그저 스쳐 지나갔다. 강의가 다 끝나고 집으로 돌아가는 시간이 되었다. 무시하고 그냥 집으로 돌아가 버릴까? 생각도 해보았으나 매일같이 자리를 잡아주는 친구의 성의를 생각해서라도 하는 생각, 저친구가 아니면 매일 맨 뒤에 앉아서 강의를 들어야 하는데 그렇게 되면 공부는 다 한 것이되고……

여러 생각을 하다가 다른 친구 하나를 데리고 나가기로 하고 같이 그 곳으로 나갔다. 처음 학교 밖에서의 만남이다. 예기치 못한 다른 친구까지 있어 그런지 생각보다는 밋밋한 만남이었다. 교실이 아닌 사교장(?)에서의 첫 대면이라고나 할까? 그저 웃고 조금 더 서로를 아는데 그친 만남이었다. 한시간쯤 지나갔을즈음 내일 다시 교실에서 만나기로 약속하고 나서는데 마침 그 다방이 이층에 위치하고 있어 출입구에 나무계단이 열두서너개쯤 있었다. 처음으로 친구와 다방 출입이고 너무나도 많은 상상을 해서인지, 너무 긴장을 해서인지, 계단을 내려오다가 발목을 겹지르고 말았다. 하이힐을 신은 다리가 삐끗했으니 얼마나 아팠을까? 그러나 창피한 마음이 들어 아야 소리 한 번 내보지 못하고 재빨리 일어나 아무일 없었다는 듯이 걸어서 전차 정류장까지 갔다. 옆에서 괜찮으냐고 몇 번을 물어보는 친구의 걱정스런 얼굴은 더욱 나의 마음을 흔들어 놓았다.

집에 돌아가 아이스 찜질을 하면서 생각해 보니 웃음만이 계속된다. 한 반 학생과의 차 한잔에 그렇게도 많은 생각을 해야 했고, 결국에는 발목에 상처까지…. 두고두고 지워지지 않는 젊음의 흔적이요, 청춘의 찬가인 것 같다.

Autumn Reminds Me

I always feel a little lonesome when I watch chrysanthemums and cosmos blooming in our garden, listening to the sounds of falling leaves while walking under trees as autumn comes.

Leaves of a cosmos flower were blowing by in the soft breeze and tempting women's hearts. There were many cosmos flowers around a small pond in front of the university headquarters building where I went to study.

I heard that adolescence, or youth, is the period of physical and psychological development from the onset of puberty to maturity. Therefore, I think that those who spend their university life pleasantly can learn to manage their life pleasantly. I recall that the English poet, John Mansfield said, "The most beautiful places in the world are universities." I believe this is true because they can be birth places of truth and starting points of life. My feelings about re-entering a university were different than the first ones I had when first entering one and a half years ago. I had thought that entering a university was just one of the many process in life but, I did not have that same feeling this second time. The stacked stones of the university building looked as if they were a huge mass of truth.

Many youngsters go to a university to learn truth and steadily run to find the truth, the love, the friendship and the faithfulness that God commanded us to have. I recall the word, 'VERITA' (Truth) carved at the front gate of the Harvard University. I was so busy working to get points and struggling to learn about truth, that I did not realize that spring had come to the university campus again. I strolled around the university campus, stepping on leaves that had remained since last autumn, as my happy thoughts continued.

One day, one of my male classmates had passed me a piece of paper with a note asking me if I would meet him at the 'Pine Tree Coffee Shop' located near the university main gate. I had been so embarrassed by receiving the note that I had kept silent until the end of lecture. I had wanted to go to home as soon as possible, but I could not because he had been a very gentle student that always found the best seat for me and who always waited for me, and I had met him every day as the lectures continued. Finally, I decided to meet him after class, taking one of my friends with me. It had not been fun at all, but we tried to have a pleasant, ordinary conversation. To try and have a date while accompanied by another person was very uncomfortable. It had been my first "date" with a male student outside of the campus. We left after that tedious meeting, saying we'd all meet again at the lecture room the next day.

The coffee shop was on the second floor and there were about 12 steep steps. I was nervous on my way out and took a misstep that hurt my foot a little. I could not shout my pain, however, and hurriedly came out and walked to subway station. I laughed and laughed while I was massaging my foot with a bag of ice cubes that evening. I must have been so excited about the meeting that day.

그리운 얼굴

저녁밥을 다 먹고 나더니 밥을 아직도 먹고 있는 나의 얼굴을 한참 동안을 쳐다본다. 밥을 비교적 늦게 먹는 습관 때문에 항상 다른 사람보다 늦는 습관은 어쩔수가 없다. 오늘 저녁도 그저 그렇게 먼저 먹었으니 앉아 있나 보다 생각하고 있다가 이상한 느낌이 얼굴에 부딪치는 것 같아서 고개를 들고 쳐다보니 밥 먹고 있는 내 얼굴을 빤히, 그것도 무안할 정도로 쳐다보고 있지 않은가. 왜? 그렇게 쳐다보느냐고 했더니 빙긋이 웃으며 하는 말, "주름이 얼굴에 꽉 찼네" 하는 것이 아닌가. 처음에는 그저 웃고 말았지만 생각할 수록 약이 올랐다. 그렇지 않아도 하나라도 감추어 보겠다고, 조금이라도 늦게 골이 패이기를 애타게 염원을 하고, 애쓰고 있는 사람한테 주름 타령을 하는 것은 남의 아픈 상처를 꼭 찌르는듯한 느낌이었다.

우리 인간들에게는 잊혀지지 않는 추억이 있다. 그것이 슬픈 것이었든, 즐거웠던 것이든 과거가 있기에 추억으로 다듬어 남겨놓기도 한다. 그 중에서도 중학교를 다닐 때는 그 시절에 친구들, 고등학교, 대학, 또는 사회 생활을 하는 동안 잊지 못할 일들, 특별히 기억나는 그리운 얼굴들이 생각나는 때가 잦아진다. 이 순간도 지금은 녹이 슨 기억들을 더듬어 보다가 몇 년 되지 않은 과거를 살펴보게 한다.

육십년을 넘게 살아오는 동안 어찌 즐거움만 있었겠으며, 또한 괴로움만 있을 수 있었겠는가? 고난이 깊은 사람일수록 인생의 참맛을 알 수 있지 않을까? 고난을 당하면서도 마음속 깊은 곳에 묻어두고 밖으로 내보내지 않는 철학의 소유자, 즐거운 일, 자랑하고 싶은 일들이 한두가지가 아닌데도 평범한 입술의 움직임을 가진 깊은 학식의 소유자, 이 얼마나 아름다운 인격의 소유자이던가. 우리 주위에는 그리 흔하지는 않더라도 찾아보면 있다.

많은 사람들이 어디 그런 사람들이 있나 하지만, 많지는 않더라도 우리 주변에는 다시 보고 싶은 그런 얼굴을 소유한 사람, 그런 인격을 소유한 사람들이 있다.

사람이라면 누구나가 다 상대에게 좋은 인상, 좋은 인격의 소유자로 기억에 남기를 원한다.

슬픔보다는 즐거움을, 불행보다는 행복을, 찡그리는 얼굴보다는 웃는 얼굴을 보여주고 싶은 것이 모든 사람의 염원일 것이다.

그렇다면 우리의 삶에서 불행이나 시련같은 독소를 피해 살아가야 할텐데 불행하게도 우리 인간들에게는 이런 불행이나 시련을 선택할 수 있는 능력은 없다. 그러나 그것들에 대한 마음가짐이나 행동은 선택할 수가 있다. 그러기에 인간 삶의 가장 큰 자산은 자신이 가지고 있는 능력이 아니라 마음가짐인 것이다.

우리가 살아가고 있는 현대는 참으로 복잡하면서도 교묘한 세상이다. 무서운 질병이 난무하고 이에 대한 처방도 각양각색이다. 이런 무서운 질병들도 우리 마음가짐에 따라서는 조금은 예방이나 피해갈 수는 있다. 어느 집 냉장고에 붉은 고기, 버터, 베이컨이 많이 들어 있다면 이집 가족은 대장암, 심장병을 피해갈 준비를 해야되겠고, 젓갈, 장아찌, 절인 생선이 냉장고에 많으면 이 가족은 위암, 고혈압을 주의해야 되겠고, 과일, 두부, 콩으로 된 음식이 많은 냉장고를 가진 가짐이라면 상기한 무서운 질병은 별로 걱정은 하지 않아도 될 듯하다. 이와 같이 우리네 생활도 쌓아 넣는 능력이 아니라, 소비할 수 있는 마음가짐이 우리의 행, 불행을 가져다 주지 않을까?

꽁보리밥 도시락에 고추장 반찬을 학교에 가지고 가 먹으면서도 행복한 웃음을 잊어버리지 않았던 어린 시절을 살아본 기억이 난다. 그때의 그 얼굴에는 주름도 없었고 불행도, 시련도, 걱정도, 없었던 얼굴이었다.

금년 가을은 오르기만 하던 길을 잠깐 멈추고 한번쯤 돌아가는 길을 생각하게 만드는 계절로 만들고 싶다.

결혼 후 몇 년이 지나서 남편이 들려 주었던 말이 생각난다. 자기는 평생 잊지 못할 몇 분의 얼굴이 기억이 나는데 자기도 그렇게 늙어가고 싶다는 것이다. K대학교 Y총장, L시인, 시인 L씨는 비교적 자주 뵐 기회가 있어 얘기도 해보고 듣고 배운 것도 많다고 한다. 그러나 Y총장님은 대학 2학년때 우연한 기회에 차 한 잔을 같이 할 수 있는 불과 몇분간의 만남이었는데 평생을 두고 지워지지 않을 강렬한 인상을 받았다는 것이다. 물론 학식이나 인격으로는 못 따라 가겠지만 적어도 외형으로는 비슷하게나마 되어 보았으면 하는 마음이란다. 언제 보아도 잔잔한 호수 같고, 깊이를 알 수 없는 인품은 그동안 보아온 그 누구에게서도 찾아 볼 수 없는 인상이었다고 한다. 지금 생각해 보니 이 분들은 자기가 가진 능력에 의존하신 분들이 아니고 오직 바른 마음가짐으로, 이성으로 판단하고 행동하시며 사시었던 분들 같다.

이것 저것을 생각하다가 그냥 넘기기에는 너무 밋밋한 것 같아서 한마디 쏴주었다. "이것이 다 당신과 결혼해서 고생한 결과지 뭐야!" 했더니 자기도 조금은 미안했던지, "그게 아니라 처음 만났을 때, 매일 보아도, 보고 또 보아도 자꾸만 보고 싶은 포동포동한 그 그리운 얼굴이 아니라는 뜻"이라고 설명을 해 준다. 그 때 그 시절 그 그리운 얼굴! 기다려 줄리 없겠지만 나도 저물고 당신도 저물어 가고 있으니 저무는 시간들이 마지막까지 빛을 잃지 않는 시간들이 되어 보고 싶은 얼굴들과 마음 속으로라도 속삭이고 싶은 이 가을에 붉은 잎이 소리없이 하나 둘 내려 앉아 쌓이니 그 속에서 그리운 얼굴을 찾아본다.

이것이 아내의 마음일까? 여인의 마음일까?

Yearning Face

He kept looking at me while I was eating my dinner. Because I was a slow eater, I could not finish my meal faster than my husband that evening, I had not minded at first, but when he continued to stare at me, I asked him why. He answered that he was staring at all the wrinkles on my face. I laughed, but it displeased me a little. It shocked me to hear that when I was endeavoring each day to hide the lines that were growing on my face.

Human beings are capable of remembering past incidents. Whether they are good or bad memories, they remain in the head and are recalled at times. Those memories of high school friends and university days remain even longer. In a life of over 60 years, there are a lot of sad or happy incidents. There are not many philosophers who have a sadness inside that they expose; professors who have deep knowledge, but who are humble; religious leaders who devote themselves for the poor without misleading people. However, every person wishes to be remembered as a man of good character and manner.

Every one wishes to be remembered as having a pleasant, happy, smiling face rather than a sad, unhappy, or weeping face. We cannot avoid sadness and unhappiness, but at least we can redirect our thinking into activities toward a better way. The best asset that human beings have is the ability to control our mental attitude.

The modern societies in which we live are very complicated and yet profound. There are countless numbers of diseases in our society and drugs as well. They can be avoided in some cases when we prepare for them. For instance, if a family's diet consists of too many meats, butter, bacon, etc., that family might consider the possibility of colon cancer, heart shock, etc. And if there are too many salted fish, etc. that family might consider the possibility of high blood pressure or stroke. But, if you have a lot of fruit, tofu, and other bean foods in the refrigerator, you may not have to worry too much. Rather than how much healthy food you eat, but how you control the types of food you eat may decide the happiness of a family. In elementary school, we all enjoyed lunch boxes of a rough barley meal. Our faces did not have any wrinkles then, but were shining with smooth skin. I hope this autumn will be remembered as one when we thought more closely about our life of yesterday and tomorrow.

My husband told me before marriage that there were a few

teachers he could not forget. They were 'Y' president of 'K' University, 'L' poet, etc. He met 'L' poet several times and had learned a lot from him. He met president 'Y' only for a few minutes to have a cup of tea right after entering the university, but he was so impressed that he could not forget it for his entire life. President 'Y' was so impressive that he could not find any one like him who was so gentle and warm hearted, as if he had been a broad lake sitting in front of my husband. He always judged and took actions not only with his knowledge or capability, but with rationality and righteousness.

I returned to the story of wrinkles on my face and yelled at him, "They are all because of you. It is a result of hard work after marriage." I added that he should not expect a chubby face from an old woman of more than 60 years. I told him that we are both now like the setting sun going down into the west sea water, whether we wanted it or not. Thus, we should recognize the fact that we were no longer young. Red colored autumn leaves were falling calmly as I was thinking of how to lessen the lines on my face. Is this not also the thoughts of other wives and women?

저녁 노을

저 멀리 이글거리며 지는 해를 바라보노라니 너무도 찬란한 광경이 눈에 들어온다. 물은 부글부글 끓는 듯 넘실거리고 핑크색, 검은색, 노랑색, 흰색, 여러색 구름떼들이 이리 저리 제 멋대로 삐쭉삐쭉, 몽실몽실 떠 있는 것을 보니 아름답기는 한데 마치 피카소의 그림을 보는 듯 도저히 이해가 되지는 않지만 함성이 나올 정도의 아름다움. 이것이 내가 처음 본 Los Angeles 국제 공항의 저녁 노을 비친 광경이었다. 그 어디서도 보지 못했던 저녁 노을, 처음 날아와보는 미국 땅의 한 모퉁이의 광경이었다.

불과 몇 시간 전 김포공항을 떠나며 어머니 그리고 형제들과 헤어지기가 서러워 한없이 눈물을 흘리며 돌아서야만 했고, 눈물이 눈물을 만들며 일본 하네다 공항까지 오도록 말 한마디 없이 눈물만을 닦고 있던 그이가 일본 땅을 떠나면서부터 조금은 정신이 드는지 아이들과 말도 하고 물도 마신다. 이별의 슬픈 마음은 나도 매한가지이지만 너무나도 슬퍼하는 그이 앞에서는 나의 슬픔은 아무것도 아닌양 표현조차 할 수 없었다.

"가서 자리 잡기가 힘들거든 돌아오라"는 어느 웃어른의 말에 "다시는 한국땅에 돌아오는 일은 없을 것입니다." 라는 뜻있는 말을 남기고 헤어지는 것을 본 나로서는 이것이 무슨 뜻인가를 날아오는 동안 생각을 해보았지만 지금까지도 풀지 못한 수수께끼의 하나다. 그 때 그말이 무슨 뜻이냐고 물어보지는 않았으나 나름대로의 말 못할 깊은 뜻이 있으리라 생각하고 지금도 궁금한 것 중 하나가 그것이다.

굳게 다문 입에서는 별말이 없다. 눈을 쳐다 보니 한도 끝도 없는 걱정과 두려움이 도사리고 있는 듯 보였다. 비행기를 타기 한 달 전쯤 평소 존경하던 모교의 교수님을 찾아가 미국으로의 이주를 결정했다고 말씀을 드리니 선생님께서는 걱정스러운 표정으로 아이들하고 힘이 들텐데 어떻게 기초를 잡아 살아가려고 하느냐? 하시며 웬만하면 여기서 그냥 사는 것이 좋지 않겠느냐는 충고 겸 염려의 말씀이셨다.

미국에서 공부를 하신 교수님의 말씀이지만 귀에 들어올 리가 없었다. 자동차 기술을 배웠습니다 하고 말씀을 드리니, 기가 막히다는 듯이 한국에서 약학대학을 나와 겨우 미국 자동차 메케닉이냐며, 한심하다는 듯 진심어린 충고로 마음을 바꿀 수는 없겠느냐고 다시 한 번 더 물어보신다. 그러니 그이가 말한다. 모든 것을 정리했으니 이제는 저의 계획대로 해 보아야 되겠다고 하니 더 이상의 말씀이 없으셨다.

며칠을 있다가는 미국인 목사와 자리를 같이했다. 그이가 중학시절부터 영어를 가르쳐 주셨다는 정말로 잘생긴 선교사이셨다. 고등학교 졸업때까지 영어와 성경을 가르쳐 주시고 대학을 졸업하고는 다시 친구같이 자주 만나던 선교사, 부인이 한국 여성이어서 그런지 정말 친밀감을 느끼는 인자해 보이는 선교사이셨다.

그이와는 진한 농담까지도 다하며 지내는 사이였다. 저녁을 같이 하며 물어본다. 미국에 가서 돈을 벌려면 무엇을 하면 좋으냐고 하니 선교사님 왈, "돈 벌고 싶으면 한국에 있어라"하신다. 너무나도 간단한, 뜻밖의 대답이다. 며칠 있으면 떠나기로 하고 불안한 마음을 조금이라도 떨쳐버릴까 하고 자리를 만들어 충고를 바라는 제자한테 단칼로 자르는듯한 인상! 그러면서 내가 한국에 와서 살면서 미국에 가는 사람

재정보증을 해 준 사람은 네가 처음이니 미국에 가거든 진실하게 열심히 살면 절대로 후회는 하지 않을 것이다라는 말을 덧붙여 주신다.

이런 말들이 Los Angeles 국제 공항을 내려다 보는 순간 영화의 한 장면같이 머릿속을 스치고 지나가지 않는가. 저녁 노을에 비친 공항은 어찌나 감상적이고 아름다웠던지 새로이 삶의 터전이 될 곳 미국땅은 참으로 멋지고 아름답구나! 저 뽀얀 뭉게구름 이불 삼아 한잠자고 가고픈 마음마저 느껴보았지만…

내 인생의 황혼도 이렇게 아름답고 황홀하게, 멋이있게 꾸며 졌으면 하고 꿈을 꾸며 마중 나온 친구의 차를 타고 Free Way 를 달리며 친구부부와 얘기 꽃을 피워 보면서도 저녁 노을의 붉게 타오르는 듯한 광경은 계속 보였으며 지금도 그때의 그 노을은 지워지지 않는다.

같이 온 두 아이들은 나의 노을을 어떻게 기억하고, 기록하며 삶을 이어갈까?

A Glow in the Sky with Setting Sun

A glow in the sky from the setting sun glared at me when I looked westward. The water was boiling and generating steams of pink, black or yellow colors, and clouds above sea water were continuously dancing with various shapes which were difficult to define, like watching paintings of Picasso. It was a sight I saw at Los Angeles International Airport. It was a beautiful scene that we had not seen before that we could now see in the land of fortune.

We had left from Kimpo International Airport and had exchanged good-byes with my mother and brothers just several hours before. My husband began to drink water when we stopped at Haneda International Airport, Japan. He had not even spoken a word after departing from Kimpo International Airport. I was so sorry to see crying without sound that I could not even speak to him. I heard his mother telling him we should return at any time if life in the new country was not easy, but he said returning to the land of

Korea might be not be possible. I wanted to but could not ask why he told his mother that he would not return. It seemed he was worrying so much about how to settle down our family in the unknown country.

About a month ago before getting on the plane, we visited one of respected professors and told him our plan. He also worried, saying it would be very difficult to settle. He recommended that we should change our minds and stay in Korea. He was educated in the United States and knew about the country very well. How could we stop our plan when everything was ready? The professor kept on trying to persuade us not to leave, saying we were enjoying a stable life as a couple of pharmacists at the moment. Our plan could not be changed however even if we had wanted to, as we had readied everything by then.

A few days later, we met a handsome American pastor who had been a missionary in Korea and had taught English to my husband while he was in high school. He had married a Korean woman and had been very friendly to my husband even after his graduation from college. We felt so close to them that we even spoke casually about other people. When we asked how to earn money in United States, he answered that if we wished to earn money that we should stay in Korea and not go. It had surprised us to hear such a clear cut response. His answer had not been the one we expected to hear from such a long-time friend. We thought he would've encouraged us with sweet words, but he had not. However, he wrote and handed us a letter of financial guarantee without hesitation. He said that it was the first such letter he had written, and thus we should live honestly and happily in the new world.

I thought of his words reminding me to live a good life in the new world while I was watching the beautiful sunset from Los Angeles International Airport. It was a very beautiful scene to dream of the promise land of happiness. How happy I was watching the clouds dancing above the entrance to this country, as if welcoming us to the promise land! How peaceful it would be if I could lay myself on the soft clouds!

I was riding in a car on a highway and promised myself to live a good life as the glow of the beautiful sunset welcomed us. Can my lovely children remember that beautiful scene as I do now? I am sure they must remember it because it had been the most beautiful and gorgeous thing we had ever seen in our lives.

칠십대의 사춘기

사랑이 아무런 계획이나 계산도 없이 감당조차 할 수 없는 눈물로 얼룩진다 해도 더더욱 해야 할 것이 그것이요, 아무리 가슴 아픔과 쓰라림이 같이 올지라도 가슴속 깊이 간직해야 할 것이 그것이요, 미움이 쌓여서 몸부림을 칠 지경이라도 치마폭에 고이 감싸주어 쓰다듬어 주고 어루만져 주어야 할 것이 사랑인가 보다.

골프를 하러 가지 않는 날이면 자주 찾는 버크 공원의 호숫가 산책길에서 안면이 있는 세 여인의 한 어린 말들을 들어 볼 기회가 있었다. 얼마나 깊은지는 알 수 없으나 넓은 호숫가를 건노라면 참으로 기분이 상쾌하다.

이 날도 우연히 다시 만난 세 할머니 틈에 끼어 걷기를 시작했다. 잔잔한 물을 바라보며 더럽게 오염된 공해 같은 것은 없으리라 믿고 마음껏 들여 마셔보는 공기속에 마음도 맑아지는 것 같으니 즐거운 마음으로 걸어보는 산책길이다.

나는 그 남자가 좋더라. 500호 그 남자 말이야 하고 한 여자가 말하니 다른 한 여자도 따라서, 미남형에 그 여유있는 미소를 보면 젊어서는 바람께나 피웠겠던데…하니 또 다른 여자가 이어 받으며 말한다. 나는 그 남자만 보면 가슴이 떨리고 인사도 제대로 못하겠다며, 얼마 전에는 그 남자가 시간 나실 때 식사나 같이 하자고 하는데 대답은 커녕 얼굴도 제대로 쳐다보지 못하고 쑥스러워지고 얼굴이 달아오르는 것 같아서 한참 동안 울렁이는 가슴을 어떻게 진정시킬 수가 없었다고 한다. 그러니 옆에서 다른 할머니가 "사춘기가 다시 찾아오나? 무엇이 그렇게 가슴까지 두근거리며 부끄러웠다는 것인지 알 수가 없다"며 퉁명스러운 말로 윽박지르듯 한다. 그러자 그 할머니가 다시 말을 이어 간다. 열아홉살 때 아버지의 명령으로 아버지 친구의 맏아들과 결혼을 했는데, 그것도 자그마치 칠남매중 맏아들, 위로 누이가 둘, 밑으로 시동생, 시누이, 다 고만고만한 아이들, 거기에 홀 시어머니, 중학을 졸업하고 아무 생각없이 시골에서 자라고 있던 나에게는 뜻밖의 일로 얼떨결에 반항 한번 해보지 못하고 결혼을 하고 말았다. 사랑이 무엇인지, 시집살이가 어떤 것인지, 생각조차 한번 해보지 못하고 번갯불에 콩 구워 먹는다는 말처럼 나의 의견은 전혀 참고가 되지 못하고 떠밀려 혼례를 올리고 말았다.

결혼 한 후 얼마 동안은 그래도 괜찮은 것 같았다. 그러나 실생활이 시작되니 그렇게 매서울 수가 없었다. 처음으로 결혼 생활을 하고 있는 손위 시누이가 포문을 연다. 왜? 동생이 결혼 후로 시들시들해 보이는가? 자네 좀 잘 챙겨주라는 것이었다. 이 말이 무슨 뜻인지 전혀 알 수가 없어 그저 한 쪽 귀로 듣고 다른 귀로 흘려 버렸다. 한달쯤 지나자 다시 그 말을 이어 가며 자네 내가 한 말을 어떻게 알아 들었느냐고 다그치며 친정 어머니한테 배운것이 그것 뿐이냐며 눈물이 쏙 빠지게 야단을 맞았다. 그때까지도 그게 무슨 뜻인지를 몰라 하는 수 없이 남편한테 슬그머니 물어보았더니 빙그레 웃으며 간단한 대답을 해주는데 어처구니가 없는 말이었다.

더구나 홀시어머니를 뫼시는 일은 더더욱 힘이 들어갔다. 잠도 없는

지 저녁 늦게까지 자지않고 꾸물럭거리며 왔다갔다 하니 먼저 건너가 누울 수도 없고, 아침이면 왜 그렇게 일찍 일어나 여기저기 돌아다니며 소리를 내는지, 며느리가 되어 일어나지 않을 수가 없어 밖으로 나와 일을 따라 하기 시작하면 끝도 없이 또 하루종일…거기에 철없는 두 시동생, 두 시누이는 한도 끝도 없이 일거리를 만들어 놓는다. 시집살이 매섭다 매섭다 하더니 이렇게까지 매서울 수가 있을까? 겨울이면 손과 발은 동상에 걸리는 것은 보통이고, 여름이면 더위를 먹어 밥을 제대로 먹지 못해도 누구 하나 걱정해 주는 이 없다. 화가 머리끝까지 치밀어 올라올 때면 버려진 연탄재를 발로 힘껏 차 보지만 결국은 내 손해. 찬물에 빨래를 하다가 끓어 오르는 울분을 참지 못하고 다라이 물을 마당에 확 쏟아 버려 보지만 그것이 바로 얼어 붙어 버리니 그것도 결국은 나의 손해였다.

그럭저럭 두 아이까지 낳고 사는 어느날 삼십대 초반으로 보이는 양장을 한 여인이 찾아와 여기가 ㅇ씨 집이냐고 묻는다. 누구냐고 묻자, 댁이 부인이냐고 되묻는다. 그렇다고 했더니 그제서야 자기소개를 하는데 나는 ㅇ씨의 애인이라 한다. 얼마동안을 내귀를 의심하고 멍하고 서있으려니 그 여인은 빙그레 묘한 웃음을 남기고 대문을 나가 버린다. 애인? 참으로 아름다운 말이 아닌가. 적어도 나에게만은 처음으로 다가온 단어인 것 같았다.

사랑, 애인같은 말은 나에게는 정말로 사치스러운 말이었기에 머릿속에서 지난 인생을 다시 한 번 정리해 보았다. 그렇게도 매서운 시절을 보내고 있노라니 이제는 애인이란다.

삶이라는 것이 오직 동물적 욕구의 충족일까? 번식 본능의 일상일까? 그렇게도 자기에게 관한한 무관심주의적이던 남편이 이제 애인까지 …

미워지는 마음이 싹이 트기 시작한다. 미움이 마음속에 자리를 잡으니, 내일일까, 내달일까 하던 기다림의 행복은 어디로 사라지고 무서운 질투심이 용솟음치며 한없이 눈물이 떨어지기 시작한다. 그 얼마나 많은 세월을 말없이 몸부림을 치며 참아왔는데… 하고 생각하니 한숨만 계속 나온다.

서러움이 파도같이 밀려오고, 미움이 이성을 흐리게 하는데 눈물은 왜 그렇게 쏟아 지는지 나도 모르는 사이에 베개 한 쪽을 촉촉히 적시어 놓았다. 서러워도, 고달아도 언젠가는 나에게도 행복이라는 것이 찾아올 날이 있겠지 하고 말없이 참아온 세월이 얼마였을까. 집안 식구들의 매서운 시집살이를 내일을 바라보며 혀를 깨물며 참아왔는데…

결국 헤어지게 되고 그 사람은 먼저 세상을 떠나게 되었으니 나에게는 사랑, 애인 이런 말은 아무런 의미가 없었는데 최근에 그남자를 보면서 이런 말들이 떠 오른다는 것이다. 그사람과 마주친 후 방에 들어가면 혼자서 그 사람을 다시 마음속에 그려보다가 웃어 보기도 하고 영화에서 보던 장면을 상상해 보기도 하고, 둘만의 앞날을 설계도 해 볼때면 얼마나 행복감을 느끼고 마음이 설레이는지 모른단다. 남편과 같이 해보지 못한 여러 가지를 그 사람과 해보는 상상만으로도 기분이 좋고 시간이 흐르는 것을 느끼지 못한다는 팔십이 가까운 할머니. 여기까지 얘기를 하고는 불과 몇분전에 슬퍼하며 촉촉했던 눈은 어느새 내일의 희망으로 변해있다.

육체의 사춘기와 마음의 사춘기는 이렇게 따로따로일 수도 있겠지?

Seventy Year Old Teenager

It is the one thing we should do even if it is born without plan or calculation but by tears; is the one thing to keep deep in the mind, even if it contains pain or bitterness; and it is the one thing to stroke even if it accumulates hatred. It is LOVE.

While we take walks around Burke Park Lake, I often see three women walking together. I have no idea how deep the lake is, but it is very refreshing to walk around the lake. We met the three senior ladies taking a walk one day and joined them and had a chance to listen to one of their stories. As we looked at the calm surface of the water and breathed the fresh air, we happily walked together and listened to her story.

One of the ladies began talking, "The man was good. The man who was driving a car with 5xx license numbered car." The other lady followed, "Yes, he is so handsome that he must have many girlfriends and his smile is so attractive and good-looking that no woman can ignore it." The third lady then said, "I was so excited whenever I saw him that I asked one day to have dinner together. I could not hear what he said because I was so embarrassed to stand in front of him." The first lady teased her telling her, "You must be a teenager. How can you be embarrassed at the age we're at!"

The third lady began her story, "I married the first son of my father's friend who had seven children. I had graduated junior high school in a rural area by then, and did not know any thing about the world. I resisted strongly, but was forced to marry to him. It was not so bad in the beginning, but it gradually became difficult to be the first daughter-in-law of a big family. One of my new sisters told me to take care of my husband well, and I did not fully understand what that meant. She repeated it several times later claiming I had not followed her advice. I asked my husband if he knew what she had meant, and he said a very simple word with a smile, which made me ashamed. It became harder and harder to serve the single mother-in-law day by day since she went to bed very late every day, as if she were trying to tell me that I should not go to bed earlier also. My new sisters and brothers created more work for me every day. My hands and feet were frostbitten in the winters, and I suffered stomachaches during the summers, but no one cared for me."

She continued her story, "I had two children and when I was in my thirties, a woman came one day and asked me if I was Mrs. 'O'. When I answered, 'Yes', she said she was Mr. O's girlfriend. I was so shocked to hear this and was just staring absent-mindedly when she left. Girlfriend? It was a word I had heard for the first time. Love, girl friend, etc. were words that had not been in my vocabulary until then. Is life only to satisfy animals' desire for sex? I began to realize this fact and it made me jealous of her and angry at him. I had worked so hard to take care of my family and I could not stop the tears from wetting my pillow. I had been waiting for happiness for so long, bearing the sorrows of hard work! We separated from each other finally and he passed away before me. The word 'LOVE' or "GIRL FRIEND" had meant nothing to me until I met the handsome man." "I met with him again, but we just exchanged simple greetings and departed. I returned home with smiles and dreamed about scenes from a love affair I used to watch in movies and in T.V. dramas. I thought about having an affair with the handsome man and sharing the sweet things that she could not do with her late husband."

What do you think the story of the woman wishing to have an affair in her seventies? Is physical adolescence different from spiritual adolescence?

어느 정치인의 미소

웃으면 복이 찾아 온다는 말은 누구도 알고 있는 말이요, 한 발 더 나아가 웃는 자에게는 건강까지도 찾아 온다는 말도 많은 사람들은 알고있다.

그러나 살다보면 웃는날 보다는 무표정한 날, 찌푸리는 날들이 많은 것이 우리네 인생사인것을 부정할 수 있는 사람은 그리 많지 않으리라 사료된다. 얼마전 한국 뉴스를 보다가 이상한 장면 하나를 보았다. 어느 정치인 한분이 말씀을 하시는데 계속 얼굴에 미소를 짓고 있는 것이었다. 미소를 짓는다는 것이 이상한 것은 아니지만 미소를 지을 상황이 아닌데도 미소를 지으며 동료들과 대화를 하고, 꼬집는 듯한 언론인의 질문에도 미소를 지으며 답변을 계속하고 있는 광경이 정말 신기할 정도로 느껴졌다.

사실 한국사람 하면 미소에는 지독할 정도로 인색한 성품들을 가지신 분들이 많은 것을 보아온 필자에게는 그렇게 느낄 수밖에 없었던 것 같다. 정치 하시는 분들, 특히 국회의원쯤 되면 말한마디도 근엄하게, 표정도 웃음보다는 무게 중심적으로 짓는 것이 다반사요, 이것이 한국 정치인의 표상이라 여겨져 왔던것과는 너무도 다르게 말을 하고 그리 어색하지 않은 표정이 존경스럽기까지 했다. 처음엔 국회에서, 처음으로 큼직한 감투를 뒤집어 써 너무도 좋아서 그러나보다 했는데 알고보니 그분은 국회내의 크리스찬 모임의 충실한 멤버로 일을 하시는 분임을 알았다. 그리스도인이기에 항상 그의 가르침을 마음에 품고 살아가고 있기에 저렇게 마음에 평화가 있고 즐거움이 있으니 미소는 자연히 따라 다니는구나 생각했다. “항상 기뻐하라, 쉬지말고 기도하라, 범사에 감사하라”하는 바울 사도의 말씀이 생각나는 분위기였다. 그러나 그것 역시 잠시였을까? 일주일, 이주일 쯤 지나니 그 청순했던 미소가 조금씩 변질되어 가고 있는 것을 느꼈다. 육체적, 정신적 압박에서 오는 결과일까?

죄와 악의 의식이 가장 강한 종교인 크리스찬이어서일까? 몇가지로 생각을 해보았으나 그저 추리일 뿐이다. 하기야 한나라의 대통령까지도 무릎을 꿇게 한 것이 사회의 존경을 받아야할 목회자였고, 그런분의 제의에 대통령이라는 직함을 잠시 잊었던 것이 옳다고나 할까? 나도 한국인이요, 한국인의 피를 가지고 살아가고 있지만 생각해보면 참으로 이상한 나라 재미있는 국민성임에 틀림이 없다.

어린시절 어른들한테 들은 속담이지만 “중(승려)이 고기맛을 보면 산을 내려 온다”는 말이 그저 그릇된 말은 아닌것 같다. 크리스찬은 좀 달라야 한다고 하면 필자의 편견이요, 과욕이라고 할까? 교회 지도자가 정치를 알고 권력에 맛을 들이고 황금의 힘을 안다면 어떻게 될까? 고등교육을 받은 사람이라면 대부분 십자군을 알고 있다. 그 처참했던 일차 원정에서 팔차 십자군까지 그것도 모자라 어린이 십자군까지 동원된 그 피의 계절은 어디에서부터 시작되었을까? 역사는 너무도 상세히 말하고 있고, 2001년 요한바오로2세는 드디어 그리스를 방문했을 때 이것에 대해 진심어린 어조로 사과를 했으나 십자군의 영향은 현재도 진행형으로 계속 피의 보복으로 이어지고 있지 않은가? 전쟁도, 약탈도 끝이나고 거기에 사과까지 했으니 지금쯤은 끝이 났어야 할 피의 보복은 그 끝이 보인것 같은데 지금도 보복에 보복을 반복하는 것은 "중이 고기 맛을 본 격"이 아닐까 생각된다. 소크라테스의 말에 의하면 "철학은 죽음의 연습이다"라고 했는데 적어도 종교를 떠난 학문적인 면에서는 진리임에는 틀림이 없는 말이다.

많이 탈취해서, 많이 벌어서 나누어 줄테니 조금만 참고 견디어라, 죽기까지 인내하라, 충성하라, 그리하면 너희에게 베풀리라 하던 십자군의 사령탑, 부자가 되면 덕은 자연히 따라 오리라 생각했던 것은 아닌가? 덕을 먼저 쌓아야 부와 복이 잉태되어 태어난다는 진리는 먼 훗날 때달은 것 같다. 필자는 누가 뭐라해도 기독교인이다. 어떠한 한계상황이 온다해도, 쉽게 변치 않을 몇가지의 이유가 내 마음을 지켜주고 있다.

미소를 띤 한 국회위원의 모습을 보고 이상할 정도로 느꼈으면 이것이 더 이상한 것이 아닐까? 크리스찬이라면 누구에게나 있어야 할 얼굴의 미소, 그것도 잘 살고 있다고 세계에 자부하는 한국인들에게는 조금도 어색함이 없어야할 미소!

이런일들이 많아져서 보복이 아닌 관용, 협조, 사랑의 국민성이 되어주었으면 하는 마음이다. 잘 산다는 것, 행정부의 최고 책임자도 잘 사는 나라임을 여러번 강조하고 좀 더 나은 삶을 강조한다. 그러나 잘 사는 것 이전에 아름답게 사는것, 바로 사는 길로 인도할 수는 없을까? 화면에 비치는 한 국회의원의 아름다운 얼굴이 점점 일글어지지 않고 계속 진심어린 아름다운 미소로 이어졌으면 얼마나 좋을까? 주기도문과 같은 상하의 관계를 종교 전문가가 아닌 이런 정치인들을 통해 볼 수 있는 세상이라면 얼마나 좋을까. 불교의 심즉불이나 인간 서로의 관계를 외치는 유교보다 월등하게 사랑의, 진리의 좋은 종교요, 어떤이의 말처럼 기독교는 종교가 아니라 한단계를 뛰어넘은 역사 그 자체임을 외치듯이 실천함으로 포교하고 자기 사명에 자각하는 것이 인생에 중요함을 보여주었으면 하고 생각해 본다.

A Politician's Smile

"When you laugh, happiness comes and health follows," is a well-known Korean proverb.

I think many of us would agree that there seems to be many more sad days than happy days in our lives. Something in a Korean news program caught my attention. A politician kept smiling during an interview with a news reporter. Of course smiling is not bad thing, but he was continuously smiling even though it seemed inappropriate for the topic of discussion. My first impression was that it seemed a little awkward.

In fact, many Korean men do not smile frequently; therefore, to see this made me feel a little strange at first. Those who are in political field, especially Representatives, were always dignified and serious-looking without smiles whenever they appeared. He was not the common politician, and I started to admire him. I thought that he was so happy to become Representative, which made him smile. But rather, it was because he was a Christian, and he was a member of the Christian Association in National Assembly. I thought maybe he kept on smiling because he was following teaching of Jesus Christ. He must be faithfully following Paul's teachings of "Be joyful always, pray continually and give thanks in all circumstances…" But, it did not take long before he changed his attitude. Was it because of the psychological pressure upon him?

Or, was it because of his being a Christian who was continuously listening to sermons about sin and evil. I tried to understand why he had changed his attitudes. Are we living in a society today where even a president of a country must kneel in front of pastors? Should the president have to listen to one of his pastors' recommendation and forget his job? I am a Korean because my blood was given by Korean ancestor, but I think Korea is strange country and Koreans are mysterious people!

There is a proverb I heard when I was a child, "A Buddhist monk gave up his ascetic life and came down from a mountain once he knew the taste of meat." Is it my biased view to say Christians should be different from others? What will happen if religious leaders become politicians? Many should know about Crusaders that marched to Islamic countries, along with children crusaders, as many as eight times, making bloody slaughters. Why did they begin this war? Pope John Paul II finally apologized deeply. But, how can an apology solve or compensate the tragedy?

Regardless of the Pope's apology, the revenge is continuing in middle east countries and no one anticipates its end anytime soon. It seems to me they are just like a monk who found the taste of meat. A Greek philosopher, Socrates said, "Philosophy is nothing but practicing death." That may be true scientifically, if we do not consider religion.

Commanders of the Crusades said we would get our rewards sooner or later, and thus, we should just wait. The only thing that I know will bring wealth is virtue. I am a Christian, whether it offends anyone or not. There are good reasons to support my decision.

I have been watching the continuous smiles of the politician and felt they were strange but needed. Am I wrong? He should be friendly to people and he did so as taught by Paul. It is necessary for Korean people to smile and laugh, which would certainly move peoples' mind towards righteousness. I hope it will motivate people to devote themselves to forgiveness, cooperation and love, and thus, we can accomplish a happy society. Can the country become prosperous without righteousness? How nice it would be if he could continue to do his job well with smiles as did on T.V. How nice the world would be if we all could live righteously as taught by the Lord's Prayer. Buddha taught perceiving truth, Confucius taught relations between human being, while Jesus taught love. Some say Christianity is not religion but history itself. I think it is very important to understand history and propagate the love of Jesus as faithfully as we can.

대화

인간을 우리는 만물의 영장이라고 한다. 그것은 인간들만이 가질 수 있는 뛰어난 언어구사 능력 때문이리라. 이 언어 능력이 인간에게 인간다운 지혜요, 지식도 가져다 주니 말이다. 지식과 지혜가 없이는 이 세상 그 누구와도 어울려 살아갈 수 없는 곳이 인간사회가 아닌가? 그렇다고 지식을 많이 가져야 잘 살 수 있는 것도 아니고 지혜가 많다고 영화롭고 화려하게 살 수 있는 것도 아닌 듯 하다.

조화를 잘 이루는 사람은 지혜가 있는 사람이요 남으로부터 존경을 받는다. 현대를 살아가는 많은 사람들 중에는 자신에 대해서는 지극히 조금 알고 있으면서 남에 대해서는 거의 모든 것을 알고 있는 듯한 느낌을 받을 때가 많다. 참으로 기이한 현상이다.

누구라고 이름만 대면 그 사람에 대하여 줄줄이 모든 것이 튀어나온다. 경탄할 일이다. 남의 말을 많이 하는 것이 용기요, 그런 자가 용기 있는 사람으로 착각하고 살아가고 있는 사람들인 것 같다.

"손으로 범을 잡으려 한다면 만용이요 걸어서 강을 건너려 한다면 이것 또한 만용이다"라고 공자가 말한 것과 같이 남의 잘못이나 약점을 떠들어 대는 것이 용기라고 믿는 사람이 있다면 지식의 결여요, 지혜의 결핍이요, 대화의 빈곤자가 아닐까 생각한다.

용기가 있는 사람은 신념이 있는 사람이요, 또한 용기가 신념의 산물일 때 그 용기가 빛을 본다. 용기는 대화에서 나온다. 어려서는 부모와의 대화, 자라서는 형제, 자매, 그리고 친구와의 대화, 학교에서는 선생님과의 대화, 장성해서는 자신과의 대화…

이성과 양심이 결여된 용기를 가진 자는 비겁한 자요, 신념과 대화가 있는 사람은 용감할 수 있는 사람이다. 우리 한국 사람들은 대화에 참으로 약한 면을 많이 보인다. 말 몇마디 오가면 벌써 고성이 오가고 욕설까지 나오는 경우를 많이 본다.

아예 처음부터 주위는 관계치 않고 고성과 욕설로 시작하는 대화도 보았다. 대화에는 인내가 필요하다. 용기가 필요하다. '아' 다르고 '어' 다르다고 한 속담이 생각난다. 많이 들어주는 인내심, 신념을 가지고 들어주는 용기, 이것이 없이는 대화는 되지 못한다.

말의 일방 통행은 명령이다. 이 세상에 그 누가 명령 듣기만을 좋아할까? 자식들이 부모의 명령을 좋아할까? 아내가 남편의 명령만을 기다리고 있을까? 남편이 아내의 명령을 그리워할까? 친구는? 직장 동료는?

대화의 부족은 자기를 낭떠러지로 떨어뜨리고 남의 마음을 부패시키며 가정을 파괴하고 사회를 좀먹는다. 지금은 다 자라 어엿한 사회인이 된 아들의 예가 생각난다. 고등학교 때부터 운전을 하여 대학을 나올 때까지 몇 개의 티켓을 받아 보험료까지 영향을 준 적이 있었다. 그래도 아빠는 야단은 커녕 화를 내지도 않았다. 하루는 차가 없어졌다. 사연인 즉 고장이 나서 정비소에 맡겼다는 말 뿐이었다. 며칠이 지난 후 다시 타고 다니기에 고쳐 운전하고 다니는구나 생각하고 몇 년을 지나서였다. 다른 사고 얘기 도중 그 때의 사고 이야기를 들려줬다. 아들의 잘못으로 오중충돌을 일으키는 대형사고였다는 것이었다. 그 때 아들과 아빠가 대화를 했다고 했다. 물론 그 이후로는 티켓을 다시 본 적이 없다. 진정한 대화에는 힘이 있고 믿음이 있고 희망이 있다.

우리에게 대화가 필요하다. 특히 가정에서의 대화는 이 사회의 근간임을 알아야 한다. 지혜와 지식을 구별하고 나와 남을 분멸하여 용기와 만용을 구분하여 대화를 하며 살아가는 것이 사람답게 살아가는 길이요 말의 일방 통행을 막는 길이다.

Dialogue

Some people say that man is the lord of all creation because of man's ability to communicate in many languages. This language capability brings men wisdom and knowledge to survive in any human society. But can men live better lives with only wisdom and knowledge?

Whoever has the ability to live in harmony is wise and knowledgeable and worthy of admiration. We sometimes see those who seem to know others very well yet do not know themselves, and vice versa. It seems a bit odd.

When you talk to someone, you can understand their background. It is surprising when you meet someone who thinks of himself as a smart and brave person. Confucius said: "Trying to catch tiger with bare hand is reckless, while trying to cross river by foot is reckless, too."

Those who are brave usually have strong beliefs. Those who have strong beliefs and courage deserve rewards. We dialogue with our parents, with brothers and sisters, with friends, with teachers, and with ourselves. One cannot be brave without beliefs and rationality, rather it is cowardice. We Koreans are not always good at dialogue. We yell loudly when we have different opinions and do not try to solve problems with dialogue. I have seen several arguments where they speak loudly from beginning, sometimes calling each other names. There is a short proverb, "It's different when you say 'Ah' and 'Eo'." We all should listen to each other's words patiently until the other finishes. If you do not listen to each other, it is difficult to have a meaningful discussion since you do not know what the other person is thinking.

If a dialogue is one way, it is an order. Is there any one who wants to get an order? Does any child like to listen to you if you speak only and do not listen to them? Do you think your wife enjoys getting orders without any dialogue? How about friends and work companions? Lack of dialogue ruins not only your mind but also others, like falling down steep cliffs, bringing your family sadness and causing society to be spoiled.

When my son was in high school, we bought a car for him. He drove fairly well, although he brought us several tickets while in high school and college which we paid for in fees and increased insurance payments. His father did not get angry at him, however. One day when there was no car, I asked what had happened.

Without hesitation, he just answered that he had taken it to be repaired at a repair shop. I found out several years later that the car had been in a large accident with five other cars that had to be repaired because of his fault. He had discussed this with his father, but had not told me anything. He did not tell me because I would've been too shocked and worried. He was able to talk with his father however, which he must have greatly appreciated.

We need dialogue, especially dialogue between families, which are the backbone of our society. To live in the world knowing the difference between knowledge and wisdom, between me and you, and between bravery and cowardice is the only way for our society to have a bright and happy future.

두쪽과 세쪽 그리고 행복

온 식구들이 둥근 밥상에 앉아 저녁을 먹으면서 이런저런 이야기를 하다가 화제가 나에게 돌아왔다. 먼저 엄마의 포문이 열렸다.

"XX 두쪽 밖에 없는 놈이 무엇이 그렇게 좋아 자주 만나 희희덕 거리느냐"는 말씀에 오빠, 언니들이 한마디씩 힘을 보태니 나는 쥐구멍이라도 들어가고 싶은 심정이었다. 반항이라도 해볼까 하다가 꾹 참고 저녁을 마친 후 내 방으로 돌아가 공부를 하려니 조금전 들었던 말이 자꾸만 떠올라 공부는 커녕 글자가 두 줄 세 줄로 보이고 이런저런 생각에 잠도 제대로 이루지 못하고 다음날 학교에 간 적이 있다.

아무리 생각해도 풀리지 않는 숙제였다. 어떻게 내 남자 친구 두 쪽 밖에 없는 것을 아셨을까? 며칠을 고민하다가 그 친구를 만나서 여러 얘기 끝에 "우리 서로 아무리 좋아해도 결혼까지는 안될 것 같아…"하니 이 친구는 깜짝 놀라며 왜 그러느냐고 되물었다. 할 수 없이 며칠 전 집안 식구들이 모인 가운데 있었던 이야기를 해주니 그제서야 이해한 듯 조용해지며 상당히 심각한 표정을 지으며 쓸쓸하게 헤어졌다. 이 삼주 쯤 지나서 밖에서 만나자는 메모를 주기에 지정된 장소엘 가보니 이미 나와서 아주 즐거운 표정으로 나를 맞아 주었다. 언제 긍정

적이고 낙천적인 성격의 그가 지난번 헤어질 때와는 달리 더 밝아 보이니 조금은 무엇인가 기대되는 마음도 있었다. 조금 지나서 이 친구 왈 "지난번 그 소식을 듣고 집에 가서 자세히 보니 내 것은 두 쪽이 아니라 세 쪽이더라구요!" 하면서 집에 돌아가거든 엄마한테 두 쪽이 아닌 세 쪽이라고 말씀드리라는 아주 자신만만한 말투였다. 이어 그는 "이제 그 문제는 완전 해결이니 우리 공부나 열심히 해서 졸업 후 1년쯤 지나서 결혼을 하자."는 아주 당당하게 프로포즈까지 하는 것이었다. 언제나 만나면 즐겁고 포근함을 주는 그이기에 그날도 즐거운 마음으로 데이트를 마치고 집으로 돌아왔다. 저녁 식사 시간에 나는 그 친구의 자신감 넘치는 얼굴을 상상하며 엄마한테 말씀드렸다. "그 친구를 만났는데 자기는 XX가 두 쪽이 아니라 세 쪽이래요." 했더니 오빠, 언니들이 밥을 먹다 말고 방바닥에 뒹굴며 웃어대는 것이 아닌가? 무엇이 잘못되었구나 직감하고 나는 다시 확실하게 외치듯 말했다. "그 남자 친구의 XX는 두 쪽이 아니라 세 쪽이래요! 엄마한테 그렇게 전하라고 했어요. 그러니까 결혼하는데 문제 삼지 말라구요!"

독일 문호 괴테가 한 말이 생각났다. "자기 자신에 결여 돼 있는 것을 자식을 통하여 실현해 보고 싶은 것은 모든 부모의 경건한 소원이다" 라는 말이 머리 속을 스쳐갔다. 부모가 충분치 못해 부잣집 자식들처럼 돌보아 주지 못했으니 두 쪽, 세 쪽을 넘어선 여유있는, 자랑스런, 훌륭하고 건장한, 마음에 여유가 있고 풍족한 신발의 남자를 데려오라는 얘기였을 것이다. 어른들의 시각으로는 모자랐지만 내 마음의 잣대로는 기준을 흘러 넘치는 좋은 친구였음에 하나님께 감사드린다. 만나면 즐겁게 헤어진 때면 아쉬움이 항상 있어 다음 만남을 마음 속에 약속하며 전차를 타면 전차가 안보일때까지 그 자리에 서서 배웅하는 모습이 손자를 본 지금까지 눈에 아롱거려 감사에 감사를 더한다.

행복의 가장 기초적인 것은 감사일 것이다. 감사가 잉태하여 행복을 낳아주는 것 아닌가?

사도 바울은 "범사에 감사하라"고 외쳤다. 인도 불교의 거장 용수는

"감사를 아는 자, 이것을 사람이라 하고 감사를 모르는 자, 이것을 짐승이라 일컫는다"라고 했다. 어떠한 경우에도 감사를 해보자. 원망스러울 때 감사해 보자. 억울할 때 감사해 보자.

두 쪽 밖에 없다는데 그 곳에 감사가 있었기에 세 쪽의 행복이 자리를 잡았으리라.

"감사는 우리가 당연히 지불해야할 의무다. 아무도 감사를 남에게 기대할 권리는 없다." 불란서의 철학자요 문학가인 루소의 말이다. 한 시간을 감사하면 한시간이 행복하고 하루를 감사하면 하루가 행복하고 일생을 감사한다면 평생을 행복하게 지낼 것이 아닌가?

Two Pieces, Three Pieces and A Happiness

We were having dinner one evening, sitting at a round table when the subject of discussion became my life any my mother's cannon fired.

"Why are you meeting and having so much fun with him everyday when he has nothing but two pieces of XX?" I was so ashamed when my brothers and sisters teased me along with my mother. I could not speak or resist their attack and went to my room and began thinking. But I could not think of anything, except her words "two pieces of XX."

It·was a mystery that I could not solve. How did she know that my friend had only two pieces··· I met him later and told him we should separate, as I might not able to get approval from my parents. He surprisingly asked why and I told him about our conversation we had last night. He seemed shocked and went home with a sad face. About three weeks later, he sent me a memo asking to meet. His face looked bright, as if he had brought a good idea. He said, "I returned home and looked carefully at my things and found I had three XX and not only two!" He continued, "Therefore, you should tell your parents that the problem is gone. Let's study hard so we can graduate from college and then get married about a year later." He departed after a pleasant date that day. When I returned home and told my mother, "He said he has three and not two of XX," everybody at the table laughed and laughed. I shouted again, "He has three XX, therefore, he told me to tell you that we should have no problem getting married at any time."

German author Johann Wolfgang von Goethe said; "It is every parent's reverent wish to fulfill their wants through their children by knowledge." My mother wanted her daughter to live happily with a man who would love and take care of her daughter well for life. This must be every parent's wish for their children, to become happy even though they were not raised in a rich family. I thank God for matching us because he has been so good to me since the first day I met him, for which I have no regrets at all, but only appreciation. When we were young, we met with much delight and happiness and departed missing each other. And that feeling has continued to this moment without change.

I think at the base of happiness is appreciation and that appreciation brings happiness. Apostle Paul said. "Give thanks in all circumstances…" and the great Buddha monk 'Yongsu' said, "One who knows thankfulness is called 'man' and the one who does not know thankfulness is called an 'animal'." We should try to be thankful in all circumstances, even when you feel suppressed or victimized.

My husband and I were able to be together because we found that we had three and not only two of "XX." Famous French author and philosopher Jean Jacque Rousseau said, "Thanking is our duty that we pay back that no one can expect some one else do it instead of us." When you are thankful for an hour, you are happy for an hour; when you are thankful for a day, you are happy for one day; and when you are thankful for a year you will be happy for a whole year.

그늘

여름방학을 끝내고 가을 학기를 맞은 3학년 어느 주말, 1년여를 같이 공부를 하던 학생이 등산을 가자고 제안을 해왔다. 등산 코스는 공주 근교의 계룡산이고 갑사라는 절을 지나 계룡산을 넘으면 대전 쪽으로 마곡사가 있는데 가을 경치가 참 아름답다고 설명을 한다.

등산객들이 많다고는 하나 직감적으로 오는 방어의식은 어쩔 수가 없어 직답을 피하고 생각해보겠다고 해놓고 생각하니 우습기도 하고 무섭기도 했다. 손 한번 잡아보겠다는 그 마음이 우스웠고 험한 등산길을 내 체력으로 이겨낼 수 있을까 하는 마음에 겁이 났던 것이었다. 며칠을 생각하다가 같이 가겠다는 약속을 하고 날이 되어 모임 장소에 나가 보니 많은 사람들이 나와 웅성대고 있었다. 일행은 모두 버스에 타고 계룡산 밑에 까지 가서 안내자의 설명을 듣고 등산이 시작됐다.

등산로가 잘 되어 있는 것도 아닌 험한 산이었다. 입구에서부터 갑사까지는 그리 힘들지 않게 걸어갔는데 산 중턱쯤 올라가니 힘이 들기 시작했다. 도로 내려가고 싶은 생각이 간절했지만 우리를 태우고 온 버스는 이미 떠나 산 너머 반대쪽 동학사에서 기다리기로 약속돼 있으니 되돌아 갈 수도 없는 형편이었다. 검점 더 힘이 들고 걷기가 어려워졌다. 손이라도 잡아달라고 하고 싶은데 체면이 말이 아닌 것 같아서 헐레벌떡 거리며 올라가려니 조금 앞에 가던 그 남자 친구가 "제가 좀 잡아줄까요?"하고 말하는데 아무 말 없이 손을 내밀어 잡았다. 그 후로는 어찌나 발걸음이 가벼운지 그 높은 산을 별 힘들이지 않고 정상에 오를 수 있었다. 정상에서 아래를 내려다보니 정말로 아름답고 볼만한 경치며 훌륭한 등산 코스였다. 크고 작은 나무들이 저렇게 울창하여 그늘 속에서 걸어왔는데도 그렇게 힘이 들었는데 왜 저 친구의 손을 잡고 올라오니 덜 힘이 들었을까 하는 생각을 해보니 그늘이었다.

큰 나무, 작은 나무들이 그늘을 만들어 주고 있지마는 저 친구의 그늘은 정말로 크고도 넓어서 따가운 햇빛을 가려주고도 힘까지 보태주었던 것이다. 조금 더 지혜로웠더라면 좀 덜 힘이 들었을 것을 하고 생각해 보았다.

역시 지혜롭게 살아야겠고 지혜를 구하며 살아가는 생활이 되어야 하겠다고 생각했다. 지혜는 인생의 올바른 방향 감각이 아닌가? 일회성 생애를 사는 우리의 인생, 예술가처럼 창조하고 아름답고 지혜롭게 살아야 하겠다. 절대 운명은 피해갈 수 없지만 상대 운명은 우리의 지혜와 노력만 있으면 우리가 만들어갈 수가 있지 않은가?

등산을 간 것이 상대 운명이요, 내민 손을 잡은 것도 상대 운명이 아닌가? 큰 그늘을 느낀 것도 상대 운명이요, 지혜라 생각된다.

남에게 큰 그늘이 되어준다는 것은 얼마나 아름답고 창조적인 일인가? 창조의 힘은 크다. 자기 창조는 자신을 발전시키는 원동력이며 남에게 그늘이 되어주는 것이다. 남에게 그늘이 되어준다는 것에 대한 감사를 이렇게 절실히 느껴본 적이 없었던 나는 그 슬기롭고 창조적인 그늘 앞에 말없이 감사를 느꼈다.

철학에서는 이런 것들을 보고 우연이라, 운명이라 말할 수 있고 종교에서는 하나님의 뜻이라 말한다. "네 운명은 너 자신의 가슴 속에 있다"라고 말한 독일 시인 쉴러의 말이 떠오른다.

노력하는 만큼 행복해질 수 있다고 했던가? 느끼는 만큼 그늘이 커지리라.

The Shade

A classmate suggested going mountain hiking on a weekend during my third year of college, about a week after summer vacation. He recommended a course in the Gye Ryong San Mountain near Gong Joo city. Starting at Gap Sa and passing through Gye Ryong San to arrive at Ma Gok Sa Temple, which would be a beautiful scene during the autumn season.

He added that there are so many hikers because it is so beautiful in autumn. I did not answer then and told him I would think about it. It seemed like it would be fun, but I was a little scared I could not get through it because of my poor physical condition. But, I decided to go and we went to a gathering point where so many hikers had already arrived and were waiting to leave. We all took a bus and listened to the guide's words before we left for hiking.

It was a steep route without clear paths. Hiking to Gap Sa was not too difficult, but it gradually became hard to proceed forward. It was so hard I wanted to return, but I could not because the bus had already left. It was so hard to advance that I almost asked for his help. But I could do nothing because of my pride. Finally, he asked me if he could give me a hand, and I was so grateful that I grabbed his hand without hesitation. I felt my body become so light that I climbed to the summit easily. Looking down from the summit was so fresh and pleasant, that I realized this was why so many are people enjoying hiking mountains. The scene looking over the plain was so beautiful and gorgeous that it was unforgettable.

Why was it so easy to climb? It was because of his help that was a shade as if I was under shade of big tree. His shade was broad and warm and covered my difficult circumstances. I thought that the wiser I was, the easier I could enjoy my life. I thought I needed to be wise to live in this wild world and I needed wisdom as my compass needle for a meaningful life. We live only one life that we cannot spare uselessly, but need to create and explore our destiny. Can't we create our destiny when we try?

I think that hiking trip was destiny, his giving me his hand was destiny, and the big shade was a destiny. To be a huge shade to others is a beauty and obtainable through creative work. I think the power of creation is huge. I never thought of the importance of thanking before, and I cannot do anything now but thank the one who has been my shade. The philosophers call it an "Accident" or "Destiny" while religions call it a "Providence of God." I recall a German poet, play writer and historian, Johann Christoph Frederich von Schiller once said, "Your destiny is in your heart." I think that this means you can change your destiny if you want, just as someone said, "You can become as must as you endeavor." I am confident that the 'Shade' will become larger and larger as much as you endeavor.

장미꽃과 호박꽃

인류 역사 이래로 인간은 남녀를 구분하여 꽃과 나비로 불리어져 왔다. 나비가 꽃을 찾아 날아다니는 것이 당연지사요 꽃 또한 나비를 기다리는 것이 마땅한 논리다. 단지 무슨 꽃이냐 무슨 나비냐에 따라 사람의 미음을 움직인다.

이 세상의 많은 여성들이 자기를 장미꽃으로 생각하고 있는 것이 사실이고 또 장미이기를 소원한다. 장미꽃에도 그 종류가 1만 5천 종이 넘는다고 한다. 그 중 어느 것일는지 모르지만 그저 장미로 여겨지기만을 바란다.

클레오파트라가 자기 자신을 장미로 비교했듯이 나 자신도 장미로 믿고 있었던 시절이 있었으니 말이다. 꽃 중에 꽃이라는 장미! 그 아름다움 못지 않게 풍겨주는 향기는 더욱 매력적이다. 그래서 많은 사람들이 장미를 노래하고 찬양한다. 이에 비해 호박꽃은 어떠한가?

내 평생에 수많은 여성들을 대해 보았지만 "나는 호박꽃이 좋아, 호박꽃이 되고 싶어" 하는 여자는 한 사람도 보지 못했고 호박꽃을 찬양하는 노래는 한 번도 들어본 적이 없다.

그러나 아침 이슬에 촉촉이 젖어 있는 한 송이 노란 금빛의 호박꽃을 자세히 들여다 본 사람은 몇 명이나 될까? 넓지 않은 집 앞 정원에 매년 피는 호박꽃을 유난히 좋아하는 우리집 주인의 말을 빌리자면 정말로 좋은 꽃은 호박꽃이란다. 처음 한 두해는 넝쿨이 잔디밭까지 기어나와 귀찮다고 투덜대던 사람이 이제는 아침 저녁 물을 열심히 주며 아침이면 저 호박꽃 좀 와서 보라고 성화다. 색깔도 좋을 뿐 아니라 널찍하고 풍족한 꽃송이는 푸근한 어머님 가슴과도 같고 장모님의 자상하셨고 풍족한 모습과도 같다는 것이다. 그 넓고 큼직한 꽃에 찾아드는 벌 또한 여유있는 듬직한 모습을 한 벌들이 아닌가?

여러 가지 이야기를 하며 호박꽃을 예찬하기에 나도 몇 날을 두고 아침 저녁으로 호박꽃을 유심히 바라보았다. 날이 갈수록 그이의 이론에 접근하고 있는 나를 느꼈다. 세상만사 생각하기에 달렸다고 말을 하지 않는가?

몇 년 전 나는 그이로부터 60송이 장미를 받은 일이 있었다. 한 두 송이도 아닌 60송이의 붉은 장미 선물은 정말로 놀랍고도 즐거운 일이었다. 그러나 요즈음 매일 아침 몇 송이의 호박꽃을 바라보면서 나 자신에게 물어본다.

내가 장미꽃인가, 호박꽃인가? 잠깐 동안은 호박꽃이였다가 집안에 들어오면 생각이 바뀌어 그래도 장미꽃이겠지 하며 혼자서 웃는다. 시각의 문제요, 양심의 문제다. 생명의 문제일수도 있다. 양심없는 지식은 사람들을, 혹은 나 자신을 속이기 쉽고 허탈감마저도 가져다준다. 양심으로는 호박꽃이 되고 싶고 시각으로는 장미가 되고 싶은 성격을 가진 생명체! 이것이 현재의 나이며 많은 여성들이다. 생명은 창조되어지는 미술, 음악과 같은 예술이며 각 생명이 지니고 있는 성격은 작품이다.

누구든 생명이 있는 자는 편견을 저버리고 자기 자신을 좋은 예술품이 될 수 있도록 조각하며 살아야겠다. 도를 닦는다는 것은 감정을 억제하는 힘을 기르는 것이다. 편견을 줄이자. 기도해보자. 생명체를 중히 여겨보자. 그 곳에 마음의 행복이 자리를 잡으리라.

Rose and Pumpkin Flower

Since history began, women and men were referred as flowers and butterflies. It is a theory that butterflies are flying looking for flowers and flowers are waiting for butterflies. The beauty of the flower and capability of the butterfly leads to the success of their combination.

Most women of this world wish to be roses or think they are roses. It is said that there are over 15,000 kinds of roses in the world. However, women do not care which rose they are, but just wish to be roses of any kind. The Egyptian Queen Cleopatra referred herself to a rose, so did I ironically. The rose is a flower of flowers! People praise the fragrance of rose as well as the beauty of a rose.

Therefore, many praise roses and sing of its attractiveness. What about the Pumpkin flower? I have never heard of any woman wanting to be pumpkin flower. I have not heard of any songs praising the pumpkin flower. However, have you ever see a young golden pumpkin flower with the morning dew? My husband is very fond of pumpkin flowers. He says a really good flower is the pumpkin flower. He had been complaining about them in first year or two, looking at branches stretching over our lawn in our small garden. But he now waters them every morning and calls me to come out and see the beauty of the pumpkin flowers. He said the beautiful golden colored and the soft and wide pumpkin flower looks exactly like warm bosoms of mothers and mother-in-laws. Watch the bees that are dropping their bill deep into the flower sucking honey. The pumpkin flowers are mothers of bees, and also mothers of human beings!

His adoring of pumpkin flower attracted me to watch them and I noticed that I became his follower one day. Have you ever noticed how the mind can change facts of the world? One day my husband presented me a bunch of sixty red roses which pleased me very much. Sixty roses! I thanked him repeatedly. However, I began thinking of them while watching the pumpkin flower, thinking that I liked the rose better than the pumpkin flower.

Am I rose or pumpkin flower? My mind stays at pumpkin flower for a moment, but it altered to rose so soon that made me smile bitterly. I realized it's a point of view, or conscience of life to see such things. Those people who are without conscience deceive not only others but also themselves. My conscience wants to be pumpkin flower while my physical self wants to be rose. Is this the real inside character of women? Life is an art of creation while music is an art derived from life.

In life we should throw out the biased thought and carve a good art. A religious austerity is to suppress own passion. Reduce your biased thought and care for creatures of God, then you will be able to peacefully settle on it.

물 좋고 정자 좋은 곳

덕수가 수갑을 차고 법원에 도착한 시간은 저녁 7시쯤 된다. 같이 온 경찰이 수갑을 풀어 놓으니 나이가 좀 듬직한 남자가 경찰한테 이것저것을 시킨다. 사진을 찍고 열 손가락 지문도 찍고 주소를 확인한 후 덕수에게 말한다.

너의 보석금은 오백불, 지금 집에 돌아가면 누구에게도 말 한마디 하지 말고 3일 동안 필요한 필수품 몇가지만 가지고 집을 나와 모텔이나 친구나 친척집이 있으면 아무데서나 기거를 하다가 72시간이 지나면 집에 들어가도 된다. 그러나 다음주 재판 날에는 꼭 나와야 된다. 네가 만일 보석금이 없고 갈 곳이 없다면 이 곳 유치장에 머물러 있어도 된다며 덕수에게 어떻게 해겠느냐며 의사를 묻는다. 한참 동안을 생각하다가 판사에게 말을 했다.

돈도 없고 갈 곳도 없으니 이 곳에 머물겠다고 말하니 머뭇머뭇 생각을 하더니 너의 뜻이 그렇다면 그렇게 해 주겠다며, 같이 온 경찰에게 넘기니 경찰이 데리고 가 유치장 문을 열더니 들어가라는 것이었다. 한 발 들여 놓으니 코를 찌르는 듯한 강렬한 냄새가 정신을 번쩍 들게한다. 각오는 했지만 상상을 넘어선 첫 인상이다. 호기심도 조금은 없었던 것은 아니지만 자포자기 하는 심정으로 택한 곳이 첫 발부터 후회가 들었다. 몇 발자국을 걸어 들어가니 잠자는 곳이라고 일러주는 사람이 있다. 조금은 친절해 보였다. 아무도 자기한테 말 한마디 건네 주지 않는데 이 흑인만이 자기를 반기며 이것저것을 일러준다.

몇 시에 일어나며 몇 시에 아침을, 점심을 그리고 저녁까지 먹는 것부터 일러준다. 이런 곳에서도 역시 먹는 것은 제일로 중요한가 보다 생각하며 쇠침대에 털썩 주저앉으니 그가 깜짝 놀라며 여기 규칙은 침대는 잠잘 때 외에는 사용하지 못하며 아침 몇시가 되면 이 철창문이 열리니 그 때는 저 바깥으로 나가 운동을 해야 한다는 것이다. 하지 않으면? 했더니 여기서는 하지 않는다거나 하기 싫다는 것은 없다. 그저 규칙이 이끄는 대로 따라가면 된다는 것이다. 대략 설명을 듣고 침대에 누워 잠을 청해 보지만 잠이 찾아올 리가 없다. 다 쓰러져가는 초가집이라도 내 집이 궁궐이라는 말이 절실히 느껴지는 순간이었다. 별로 좋지도 못한 내 집 내 방 내 침대가 그리운 순간이었다.

불과 두어 시간 전 마음을 조금 바꾸어 먹고 밖에서 지내겠다고 판사에게 말을 했더라면 그래도 조금은 나았을텐데… 말 한마디 잘못해 안해도 될 고생까지 하는구나 생각을 하니 역시 '인생살이 순간이 이어져 영원으로 향하는구나' 라는 생각이 들었다.

잠은 잤는지, 자지 못했는지, 얼마가 지나 방 철창문이 열리니 옆에 있던 사람이 일어나 나간다. 방 앞에 나와 서 있다. 나도 서서 어떻게 생긴 사람들인가? 하고 한 사람 한 사람 얼굴을 쳐다 보고 있노라니 한국 사람 같아 보이는 동양인 한 사람이 보였다. 마음 속으로 어찌나 반가웠는지, 그 사람도 나를 보고 반가운지 멍하니 한참 동안을 쳐다 보기만 한다. 물론 무표정한 얼굴로, 도무지 읽을 수 없는 담담한 그의 표정에서 미국은 무엇하러 와서…하는 후회하는 듯한 눈빛을 읽을 수 있었다. 아침밥을 먹고 자유시간이 주어져 조금 전에 본 동양인을 찾아가 "안녕하세요"하고 한국말로 말을 걸어 보았다. 그도 역시 "안녕하세요"한다. 한국 사람임을 알고 조금은 반가웠다. 그러면서도 한 편으로는 부끄러운 마음도 같이 따라왔다. 훗날 유치장 밖 어디선가에서 다시 만나면 어떻게 하나 하는 걱정이 들었기 때문이다.

그러나 그것도 잠시 피할 수 없는 운명이라면 즐기는 것이 현명한 방법이 아니겠는가라고 말을 이어갔다. 제일 궁금한 것은 무엇 때문에 여기에 와 있느냐는 것이었다. 내가 먼저 물어보았다. 얼마동안을 입을 열지 못하고 천정만 쳐다보고 있더니 입을 연다. 참으로 미친놈의 세상이 아닙니까. 자기가 기르는 개를 때렸다고 여기에 이렇게 와 있다는 것이다. 말인즉 아이들이 개를 하도 좋아해서 한 마리를 사 주었는데 집 안에서나 밖에서 시도 때도 없이 똥, 오줌을 싼다는 것이었다. 참으로 보기가 힘들고 아이들도 치우지 않아 너무 귀찮아 하루는 가지고 있던 빗자루로 한 대 마음껏 내리쳤더니 이놈의 개가 큰소리로 깨갱거리며 다리를 절룩거렸다. 마침 이 광경을 보고 있던 옆집 사람이 경찰에 신고를 해서 여기까지 오게 되었다면서, 내가 기르는 강아지 한 번 때렸다고 사람을 유치장에 가두어 놓는 놈들 얘기는 듣지 못했다면서 가게도 봐야 되고 친구들하고 약속도 있는데 이렇게 붙들려 있으니 정말로 답답해서 환장을 할 것 같다는 것이었다.

미국에 온 지 3년이 되었다는 이 분은 다시 말을 이어갔다. 이 곳에 오니 서러워서 못살겠다는 것이다. 이유인즉 주위에 맨 미친 사람들뿐이나 자기도 정신이 없다는 것이었다. 한국에서는 그렇게도 유순하고 착하던 아내가 갑자기 이상해져서 툭하면 턱 쳐들고 달려들지를 않나, 아들 딸들이 아비 말이라고 고분고분하게 듣기를 하나, 정말로 어느 때는 나까지도 정신이 나간 사람 같다는 것이다. 그래서 속이 상할 땐

독한 술로 달래보다가 이제는 완전히 술과 담배가 없으면 한시도 견딜 수가 없는 것이 자기의 현실이라 했다. 오늘로 벌써 3일 째 술과 담배를 못하니 미칠 것 같다며 하루만 더 참으면 된다며 아래 입술을 깨물어 보인다.

이 곳에서 나가기만 하면 모든 것을 옛날과 같이 되돌려 놓겠다고 다짐까지 하는 사십대 후반 정도의 이 사람은 한참을 있다가 다시 말을 이어간다. 대학을 다닐 때 어딘지 모르게 순진해 보이던 그 여자가 좋아 학교를 졸업하고 결혼을 했는데, 아이 셋을 낳고 자기가 직장에서 고위직까지 진급을 하고 걱정없이 생활을 할 때까지는 별 이상을 보이지 않다가 직장을 떠나고 미국으로 이주하고부터는 달라졌다는 것이다. 집도 가게도 은행의 잔고도 반은 자기것이라고 주장을 하는 걸 보면 아무리 봐도 한국에서 보던 그런 아내는 아니라는 것이었다.

늦은 나이에 무슨 이민이냐고 여러 친구들과 친척들이 말리는데도 아이들의 장래를 생각하고 자신도 직장에서 밀려나듯 퇴직을 하고 집에만 있으니 답답하기도 해서 미국에 가면 중상층 동네에 집도 사고 좋은 차도 굴려보면서 시간 나는 대로 골프를 즐기면서 여행이나 하면서 살겠다고 이 곳으로 이주를 했는데, 모든 것이 처음 생각했던 것과는 달라졌다는 것이다.

미국과 같은 큰 나라 자유가 보장된 나라에 살면 어디든지 편히 쉴 수 있는 포근하고 시원한 정자 그늘이 있고 그 근처에는 어디든 언제든 필요에 따라 목을 축여줄 깨끗한 물이 솟아나와 언제든지 마음껏 쉬고 마시고 즐길 줄 알았는데 와서 보니 사정이 많이 달랐다는 것이다.

노력을 하지 않으면 얻지 못하는 사회, 노력한만큼 분배되는 사회,

나 혼자만이 살아갈 수 없고 협동과 협력이 필요한 사회, 자기가 노력해서 모은 돈이라 해도 그 중 일부는 어떠한 형태로든 이 사회에 환원해야 하는 사회, 이런 것들을 조금씩 알아가는 과정에서 자신은 자꾸만 움츠려 들고 작아지기만 하는데 집안 식구들 마저 압박을 가하는 것 같으니 더욱 외롭고 마음이 불편한데 이것이 점점 심해지는 것을 보니 온 가족이 잘못되어 정신장애가 온 것이 아닌가 하는 생각이 든다는 것이다.

여기까지 입에 거품을 물고 말한 그는 얼마동안을 하늘만 쳐다보고 있더니 속삭이듯 덕수에게 물어본다. 형씨는 어떻게 여기에 왔으며 미국 생활한 지는 얼마나 되었냐고… 꼭 군대에서 너는 얼마나 고참이냐며 밥그릇 숫자를 따져 묻는 듯한 어조로 묻는다. 문득 지난 추억이 머리를 스쳐 지나는 듯 웃음이 나올 것 같았으나 상대의 그 진지함 앞에서 가벼운 미소로 응답할 수가 없어서 참아가며 내 소개를 했다.

미국에 온것은 약 20여년이 지났으며 그 동안 별 사고 없이 그냥 저냥 살아왔는데 최근에 와서 하나 둘 문제들이 생겨나기 시작하였다고, 나는 나의 아내와 말다툼을 하다가 한마디도 지지 않으려는 마누라를 손으로 좀 저리 가라고 밀었는데 아내가 곧바로 경찰을 불러 남편한테 폭행을 당했다고 신고를 했다고. 폭행을 했느냐는 경찰의 물음에 폭행이 아니고 몸을 손으로 좀 밀쳤다고 했더니 더 이상 물을 필요 없다는 듯 수갑을 채워 이리로 데려왔다고 했다.

이 말을 들은 그 사람은 흥분을 감추지 못하고 당신 마누라도 미쳤다면서 어찌 내 마누라나 남의 마누라나 모두 미국에만 오면 그렇게 눈이 뒤집혀 남편 알기를 개똥 만큼도 알아주지 않는지 모르겠다며 힘을 주어 침을 뱉은 후 발로 비벼버린다.

이 분은 영어가 아직은 제대로 통하지 않아 같은 방 동료와도 대화가 없다가 같은 한국 사람인 나를 만나 마음에 뭉쳐 있던 응어리를 조금이나마 털어놓으니 조금은 후련해 하는 것 같았다. 덕수의 마음도 마찬가지였다. 믿었던 아내에게 이렇게 어이없이 당하고 보니 마음의 울분을 참아낼 길이 없었는데 이렇게나마 말할 상대가 있어 토해낼 수 있으니 조금은 위안이 되는 듯 했다.

그러나 어제 저녁 일은 아무리 생각해도 이해할 수가 없다. 몸을 좀 민 것을 폭행이라고 거짓말까지 하며 이렇게 철창 신세까지 지게 만든 경찰이 미웠지만 조용히 생각해보니 분명해지는 것 하나를 느낄 수 있었다. 그것은 아내와 나 둘 중 한사람은 요즈음 여러 정황으로 보아 정신적으로 병을 앓고 있는 것 같은데 그것이 아내인지 나인지 모르겠다. 최근에 여러 사건으로 보아 나보다는 아내 쪽이 심각한 정신적인 고통을 느끼는 것 같아. 아마도 그 흔하다는 우울증 같으니 치료를 받게 해주어야겠다는 자가 진단을 내렸다.

다음 날은 미국인과 말할 기회가 있어 대화를 하게 되었는데, 멀리서 놀러 왔다가 철창 신세를 지게 되었다며 일곱 번 째라고 자랑 비슷한 말을 서슴없이 한다. 그러면서 나의 사정을 묻는다. 나도 숨김없이 아내 폭행죄로 여기에 오게 되었다고 했더니 자기는 마리화나를 팔다가 걸려 들어왔다는 것이다. 조금 사다가 자기가 머무는 이웃에게 팔다가 이렇게 들어오게 되었다며 이놈의 사회가 모두 미쳤다고 말했다.

많은 것도 아니고 그것을 팔아 부자가 되겠다는 것도 아닌데 그까짓 몇십불 어치를 팔다가 걸렸다며 이렇게 감방 생활 시킨 경찰이고 신고한 사람들이고 다 미쳐 날뛴다는 것이었다. 할 일도 많고 나보다도 더 많이 거래를 하는 사람들은 놓아주고 조무래기인 자기 같은 사람만 잡아 가두니 그야말로 미친 경찰이라는 것이다.

덕수는 3일 동안을 몇 사람과 말을 나누어 보았지만 다 비슷한 말들이었다. 하나같이 나는 좋았는데, 나는 옳았는데, 나는 할 일을 했는데 상대가 나를 이해를 못 해 자기만 이런 고생을 한다며 모두가 세상이 잘못되어 가고 있다고 생각하는 사람들이었다고 말한다.

20여년 학교 후배인 그가 찾아와 넋두리 하는 소리를 듣고 있던 남편이 그러면 자네는 어떻게 생각하는가 하고 질문을 하니 대답이 없다. 한찬 동안 침묵이 흐르는 것을 보면서 저녁이나 대접해 보내야겠다고 생각하고 부엌으로 가서 식사 준비를 하면서 다시 한 번 그의 말들을 되새겨 보았다. 인간이 인간답게 산다는 것은 남을 자신과 같이 이해하며 배려해 주는 것이 아닐까? 이성을 가지고 가족을 대했더라면 어떤 결과가 났을까?

이성은 하느님께서 우리 인간들에게 주신 최고의 선물이고 무기가 아니던가? 그래서 서양 사람들은 이 값진 하느님의 선물인 이성을 '자연의 빛'이라고 말하지 않는가. 왜 사람들은 이 값진 선물을 은혜로 생각하고 사용하지 않고 그저 버리려 하는지 알 수가 없다.

불교에서는 '일일 삼천 심'이라고 말한다. 하루에 사람이 삼천번을 생각한다는 말이다.

그렇다면 이런 사람들은 삼천 번중 자신에 대해서는 한 번도 생각을 해보지 않는다는 것일까.

맹자는 '양지양능'이라고 말했다. 누가 가르쳐 주지 않아도 인간이라면 누구나 자연적으로 알 수 있다는 말이리라. 사랑, 이해, 배려, 인내 이런 것들은 다 여기에 속하는 것이 아닐까?

학교교육을 많이 받지 않은 사람이라도 종교적 신앙심이 없는 사람이라도 살아가면서 자연히 마음에 익숙해져야 할 말들, 조금 실천으로 옮기면 마음의 평화가 오지 않을까? 남을 의심하기 전에, 남을 원망하기 전에 나를 먼저 돌아볼 수는 없는가?

내 마음 속에 떠 있는 배가 어디를 향해 가고 있는지 한 번쯤 생각해보는 삶! 얼마나 즐겁고 행복한 인생인가! 오른쪽 마음 속 조그마한 공간에 정성을 들여 나무를 가꾸고 왼쪽 마음 속 깊은 곳에 조그마한 샘을 만들어 보자. 그래서 외로울 때 억울할 때 슬플 때 그 나무 밑에 앉아 깨끗한 물 한 모금 마셔보자. 시원한 마음이 자리잡지 않을까?

세상에 생명을 두 개 가진 사람은 하나도 없다. 이 하나 밖에 없는 인생 한 번이라도 더 웃어보고 살아가는 것이 내 마음 속에 간직한 물 좋고 정자 좋은 곳이 아닐까?

A Place with Clean Water and Shade of Tree

It was around 7 o'clock when Deoksoo arrived at the courthouse. An older man instructed him to do something and then the policeman took off the handcuffs from Deoksoo. He took some pictures and collected 10 finger prints and said that the bail amount is $500 to be able to leave for home with brief travel tools or to stay at one of the motels or at a friend's house, not telling anybody about the incident for three days or 72 hours, then Deoksoo could go home. He added that Deoksoo should be at the trial at the courthouse in time. But, if no bail money was available, Deoksoo had to stay in police custody until the trial. Deoksoo thought for awhile and told him that since there was no money, he would stay in custody. Deoksoo was sent into the custody of the policeman. The jail was smelly which shocked Deoksoo. Deoksoo had expected it, but it was more than anticipated. Although Deoksoo immediately regretted his decision, it was too late. When Deoksoo went inside further, a colored man guided Deoksoo to his bed. He seemed to be a kind person, as others were not. The man explained to Deoksoo how to spend the time in custody wisely.

Deoksoo began to learn more about the other parts of the society.

"He told me (Deoksoo) the schedule for getting up, breakfast, lunch and dinner. Eating must be important even in this place, I thought. When I laid on my bed, the man told me not to lay or sit on the bed until bedtime. Everyone had to go exercise when the steel gates opened. I asked what if I did not want to and he said there is nothing here that I could do on my own will, and to just follow the rules. I laid down on the bed, missing my soft bed at home. It had only been a few hours, and I could have told the judge I would pay the bail and stay out of custody. I would not have come to this hell if I had known it was terrible like this. I truly realized that which way life goes can be decided in a second."

"Sometime after sleeping, the room gate was opened and we had to have roll call. We all stood in front of each custody room and looked around at other people standing and attending the roll call. I found an Asian man who seemed Korean and we looked at each other curiously. He seemed to regret being in this country. I went to him after breakfast during free time and said, "How are you?" in Korean and he relied, "How are you" in Korean also. We were glad to have met and smiled at one another. However, there was a concern about what would happen if we met again, outside of jail."

"If I could avoid that situation, I would be enjoying this a lot more, I thought. I wondered why he was here. I asked him first.

He did not answer for a moment and then said, 'It must be a crazy world we live in, since I am in here only because I hit my dog.' He had bought a dog because his children had wanted one, and it started to poop and pee just any time around the house. So, he hit the dog with a broom and it started limping and crying loudly. One of the neighbors reported that to the police and he was arrested. He was so angry to be in jail since he had to care for his store and had made appointments to see friends."

"He continued his story about how he came to this country three years ago but people around him had become so full of craziness lately that he could not live a peaceful everyday life. His wife, who used to be so soft hearted started yelling at him frequently, and his children did not listen to him obediently. He thought that he might become crazy at any time. He began drinking liquor and smoking and he thought that he should try to live without them. He had been in jail and he was not allowed to see them which made it more difficult. He said he would be able to leave tomorrow and he would never return to this place."

"He seemed to be in his forties and continued his story by saying he would change his home to an upright position when he returned. He paused for a while, then spoke about when he had met his wife while they were in college as she had looked cute and obedient. She was good while he was promoted to a ranking position and enjoyed a happy life with their three children, but then it had changed when they came to the United States. She was no longer the woman he thought she had been while they were in

Korea and then she even started claiming that half of their property, including their home, store and bank accounts, were hers."

"He thought that a country that was as big and free like the United Sates of America would always provide happiness together with limitless amounts of clean water, fresh air, and cool shades. When he told his friends that he had a plan to immigrate to the United States, they all tried to dissuade him. But, he decided to come for the sake of his children, and he had no specific plan when he would retire, but expected to spend his retirement life with golf. Then he recently realized that this country, a 'land of promise,' was not what he had thought it would be, and that you must work hard to earn a living. Realizing that this country was not what he had thought it was, he began to feel nervous and his hope grew smaller every day. He sometimes thought he might become mentally ill."

"His story paused and he asked me why I was here and how long I had been in this country as if he were a soldier was asking another soldier how many meals I had eaten. I started to introduce myself even though I had not wanted to, and I decided to talk because he was so serious."

"I told him that I had come to this country about twenty years ago and had been enjoying a happy life for a while. Then problems occurred slowly and finally I had a quarrel with my wife and pushed her. She called the police and a policeman came and asked her if I had hit her. When she answered yes, he put hand cuffs on my hands and took me the police station without hearing my excuse. I was so mad that my wife was also this crazy and why women were going out of their minds when they came to this country. I could not understand the incidents of that night. I realized that there were certainly mental illness existing among us that we might not know about. I concluded that my wife had been nervous recently which could have been mental depression, and therefore I needed to take her to a psychologist doctor to be cured as soon as possible."

"The next day I had an opportunity to talk with an American in the jail. He said he came from a far away place and accidentally came to this place. It was seventh time for him in this place. He asked me why I was here and I answered that I had hit my wife. He said he was here because he was selling marihuana and he added this society was completely crazy. He had sold not so much marihuana, but police had caught him and sent him into custody. He said loudly that policemen, as well as reporters are mentally ill, as they catch these worthless people, leaving big drug dealers alone. I was able to exchange stories with other people in jail for three days and most of them had similar stories. They must've been thinking they were right, but they were suffering pains while the others who were 'not right' were enjoying their lives."

My husband patiently listened to Deoksoo's silly talks, who was his younger classmate of 20 years from the same college, and then he asked what he was thinking. Seeing as he did not answer for a while, I went to kitchen and started cooking dinner. Reviewing his story, I concluded that living society caring others is of the utmost importance, but he did not do it. How would it have been if he acted rationally?

Reason is one of the best gifts of God for men and women. Therefore, people of advanced society call it 'Light of Nature'. Why do human beings not think of it as a gift from God?

Buddha said 'Think three thousand times'. Would you say those people did not act rationally because they did not think three thousand times? Chinese philosopher, Mencius said, "Yang Ji Yang Neung" which means that humans are able to learn even though no body teaches them. To love, to understand, to care and to be patient are important to acting rationally. Those who do not learn much at school, at church or at a temple still know how to act rationally. Can't we look back at ourselves before resenting others? Let us think about which direction our ships are sailing and what kind of meaningful life we are enjoying. What a beautiful and happy life it would be!

Let us grow a tree inside of our right chest and make a small spring inside of our left chest. Let us sit under the shade of a tree, breathing fresh air and drinking the fresh spring water that nature has given us.

There is no one who has two lives. Let us bring to our only life a shade of a tree and pour the spring water into the heart of it.

아버지날(Father's Day)

아이들이 저녁을 같이 하자고 해서 가자고 했더니, 오늘이 무슨 날인데 저녁을 같이 먹자는 것이냐고 되묻는다. 내일이 Father's Day이잖아요! 그랬더니 아버지 날이라는 것도 있었나? 하며 여하튼 아이들이 모이자고 하니 손자 손녀들도 볼 겸 같이 만나기로 약속을 하고 약속된 뷔페집에 나갔다.

딸 내외 그리고 손자 두 놈이 이미 와서 할머니 할아버지를 반겨준다. 즐거운 마음으로 맞이하며 자리를 잡고 기다려도 아들 내외와 아이들은 보이지를 않는다. 하는 수 없이 먼저 온 사람들부터 식사를 시작하기로 하고 이런저런 얘기를 나누며 식사를 한참 하면서도 남편은 계속해서 식당의 입구쪽만을 바라보다가 한마디를 한다. 시간을 이렇게 지킬 줄 모르는 아이가 어떻게 법정 시간은 맞추어 다니는지 알 수가 없다라는 말을 불평 비슷하게 한마디 한다. 그래도 그 시간은 엄격히 맞추어 다니니 연방검사라는 직책을 유지하고 있겠지? 하는 것이 나의 답변이었다.

얼마 후 아들이 손자 한 아이만을 데리고 왔다. 당연히 너의 처는? 그리고 너의 딸나미는?하고 물어보니 며느리는 밥 생각이 없어 안오고 딸나미는 엄마와 같이 있다는 말이었다. 순간 그이의 얼굴 색깔이 좀 달라지는 것 같았다. 내일(진짜 아버지날)은 친정 부모님과 식사 약속이 있으니 우리와는 하루전인 오늘 하자고 해놓고 나오지도 않는 며느리를 조금은 이상하게 느꼈던 모양이다. 그래서인지 식사가 끝날 때까지 아무말 없이 끝내고 딸의 집에 들러 잠시 얘기나 좀 하다가 헤어지자는 아이들의 제의에 따르기로 하고 다들 그의 집으로 행했다.

아이들은 오래간만에 만나니 참으로 즐거워했다. 아이들이 함께 뛰고 소리지르고 노는 것을 보고 있노라니 그것만으로도 참으로 즐거웠다. 영어로, 한국말로 자유자재로 떠들어 대며 노는 것을 보며 즐거운 시간을 한참을 보내다 그이가 이만 집에가서 쉬어야 되겠다고 하며 집을 나서는데 딸이 아버지 날 선물이라며 아빠한테 건네주고 또 조그마한 봉투 하나를 주며 맛있는 것 사 잡수세요!한다. 자식들한테 짐이 될까봐 평소에 그런 것을 그리 좋아하지 않는 그이가 그냥 받을리 없다.

이 봉투는 그만두라고 사양을 하니 딸과 사위가 다시 한 번 강권하는 바람에 받아가지고 집으로 돌아오는 도중 차 안에서도 그리 좋은 기분으로 보이지가 않아 말을 걸어봤다. 아들 아이는 무엇을 주던가요? 했더니 "아무것도"하며 대답하는 소리가 조금은 쓸쓸해 보이기도 했다.

얼마동안 운전을 하다가 말을 이어갔다. 나는 지금까지 살아오면서 두 아이들한테 미안한 마음뿐이야. 아비가 능력이 되지 못하니 도와주고 싶은 것, 저희들이 하고 싶은 것 하나 제대로 해주지 못했는데… 하며 말이 이어지지를 못한다. 그때 나는 말했다. 우리가 할 수 있는만큼은 해주었으니 그리고 저희들이 저렇게 잘들 살고 있으니 잘됐지

뭐! 했더니 그이가 이어간다. 아들아이 세 살 때였나? 우리 아파트에 살 때였지, 일을 마치고 돌아와보니 그 큰 유리창이 박살 나있지 않았나! 알아본즉 우리 아들이 깨었다는 것이었지, 왜 그랬느냐고 물어보니 주인집 아이가 밖에서 놀고 있는데 말을 하고 싶어 말을 하는데 아무리 크게 해도 들리지가 않아 망치로 유리창을 깨고 말을 하고 놀았다는 것이었다. 일을 가기 위해 아파트문을 열쇠로 잠그고 우리가 일을 갔고 누나도 학교에 갔으니 심심해서 밖에 나와 노는 자기친구와 말이라도 하고 싶었던 것이었다. 차마 야단을 칠 수가 없었지. 물론 우리 돈으로 유리를 갈아 끼우고 일을 끝마치게 해준 아파트 주인께 감사를 드렸지. 만일 이 일을 경찰에 신고했더라면 우리는 어떻게 되었을까? 그때의 일을 생각하면 지금도 정신이 아찔하다.

지금 생각하면 참으로 어리석은 짓이었지만 그 당시에는 내 얼굴만 쳐다보고 있는 식구들을 생각하면 어떻게든 일을 더해 빨리 자립 할 수 있는 기반을 만들어야 되겠다는 강박감에 사로잡혀 어쩔 수 없었다.

그리고 몇 년을 지나 그 아이가 초등학교 1학년 여름방학 때 갑자기 경찰서에서 전화가 걸려와 빨리 와서 너의 아들을 데리고 가라는 것이 아니었나. 무슨 일이냐고 물어보았으나 경찰관은 와보면 알테니 그저 이곳에 와서 아이를 데리고 가라는 말뿐이었다.

경찰서에 가보니 옆집 멜이라는 아이와 같이 한구석에 쪼그리고 앉아 있었다. 이유인즉, 이 두 아이들이 여자 화장실에서 서성대다가 어느 여인한테 걸려 그녀의 신고로 경찰신세를 지게 됐다는 것이었다. 여하튼 큰 사고가 아니라서 경찰관한테 주의 좀 듣고 집으로 데리고 와서 이런저런 말을 시켜보다가 가슴의 쓰림을 느꼈다. 어떻게 해서 이 어려움을 극복해 나갈 수 있을까? 생각하다가 어쩔 수 없이 아버지의 권유로 조금 압박을 가해보기로 하고 내일부터 옆집 멜하고는 절대로 같이 놀지 말라고 엄하게 위협을 주었다.

학교에 다녀오면 냉장고에서 먹을 것 꺼내먹고, 숙제하고, 텔레비전 보고 책이나 읽으라는 말 이외에는 할 말이 없었다. 그리고는 다시 한 번 강조하기 위해, 그렇게 하지 않으면 너를 고아원에 보낼 수밖에 없다고 했더니 그 말이 무서웠는지 아빠의 권위를 인정해서인지 그 후로는 말썽을 일으키지 않고 잘 자라주어 고마웠으나, 그것을 바라보고 있는 아비의 마음은 어떠했는지 아느냐고 말한다. 그리고 잠시 쉬는 듯 하더니 다시 말을 이어간다. 나는 지금도 그 아이 목에 걸려있던 열쇠가 자꾸만 생각이 나서 마음을 괴롭힌다는 것이다.

아침에 일을 가며 목에 열쇠가 걸려있나, 일을 하면서는 혹시나 열쇠를 잊어버려서 학교에서 돌아와 방으로 들어가지 못하고 밖에서 떨고 있지는 않은가? 문밖에서 쪼그리고 앉아 아빠 오기만을 기다리다 허기에 지쳐 잠을 들지는 않았는지? 하고 하루에도 몇 번을 걱정하다 저녁에 집에 돌아와 침대에서 잠을 자고 있는 아이를 보고, 목에 걸려있는 열쇠를 확인 하고서야 안심했다는 그의 말에는 나도 할말을 잊어버리고 그저 듣고 있기만 했다.

좀더 좋은 환경, 좀더 밝은 미래를 바라보며 원대한 꿈을 키워 주겠다는 마음 다짐을 하고 말도 제대로 통하지 않는 이 미국땅을 찾아왔을 때의 각오와 미래구상 하고는 너무나 달라져서 그저 아이들한테 미안하고 당신한테 죄스러운 마음을 가지고 살아왔다고 한다. 그러면서 최근에 와서는 부모님 생각이 계속 난다는 것이다. 자기 부모님은 칠남매를 일본에서 낳아 교육을 시켰는데 막내인 본인은 보지 못했으니 잘 알지는 못하지만 말을 전해 듣고 상상으로 부모님의 생애를 추측해 본다고 한다.

식민지 상태에서 일본에 사셨으니 틀림없는 노예생활이었을 것이라 짐작이 된다. 그래도 자식들은 다 공부를 잘 시켜 놓으셨으니, 현재보다 먼 훗날을 마음의 눈을 통해 보시고 그 모진 고통을 이겨내셨으리라.

나는 가끔 분통이 터져 심장이 금방이라도 멈출 것 같은 느낌을 가져보기도 한다. 그러나 그때마나 나를 낳아주시고 길러주시고 교육까지 시켜 지금이 있기까지 고생을 하시고 사랑해주신 부모님을 생각하면 나의 이런 고통쯤이야 하며 가라 앉히곤 한다. 나의 지금의 이 고생은 미래에 저 아이들의 영광으로 돌아오겠지! 하다가도 목에 걸려있는 열쇠를 볼 때면 마음속으로 '너는 가식자'라고 외치는 것 같았다.

열심히 일해라, 내일을 바라보며 국가에 충성하라, 언젠가는 우리 모두가 배불리 먹고 잘 살 수 있는 날이 올 것이다. 그날을 위해 오늘은 수고를 하자! 하며 착취만을 계속하는 공산주의자들과 내가 무엇이 다른 점이 있다는 말인가?

내일을 담보로 이 어린것들에게 외로움을 주고 배고픔을 주고, 즐거움보다는 슬픔을 더 주고 있으니 부모로서 쓰린 가슴은, 마음속 저 깊은 곳에서 흐르는 눈물은 어떻게 주체를 할 수가 없었다고.

아이가 고등학교 2학년 때 이던가? 학교 카운슬러가 만나자는 연락이 왔다. 전화를 받는 순간 가슴이 덜컹 내려 앉는 것 같았다. 무엇이 또 잘못되었을까? 하고 집에 들어가 아이한테 물어보니 자기도 모르겠다는 것이었다. 약간은 안심이 되었지만 그래도 마음 한구석은 불안함으로 차있었다. 약속된 날짜에 시간에 맞추어 학교에 가 보니 육십 전후의 상당히 인자해 보이는 여자분이 반겨주었다. 학교라고는 처음 가 보는 나로서는 모든 것이 낯설어 어리둥절한데 이 여선생님은 계속 무엇인가 기분 좋은 상태로 바삐 움직이더니 잠시 후 자리를 권하고는 자기도 자리에 앉으며 말문을 연다.

“오늘 만나자고 한 것은 아이의 장래에 대한 것입니다. 물론 대학에 진학을 시키시겠지요? 그렇다면 어느 대학을 생각하고 계신가요?”라는 첫 질문이다.

사실 나는 이 질문에 준비가 전혀 되어있지 않아 즉답을 못하고 조금 머뭇거리고 있으려니 이 카운슬러가 눈치를 차렸는지 다시 구체적으로 말을 이어준다.

“당신의 아들은 미국에 있는 어느 대학도 갈 수 있는 실력을 갖추었으니 당신이 결정하고 자기가 추천만 하면 된다”는 것이었다. 그래도 아무 답변을 못하고 있으니 이번엔 좀더 구체적으로 말을 해준다. H대학교도 좋고 Y대학교도 합격을 할 수 있는 실력이며 학과외에 활동력도 좋으니 문제될 것이 하나도 없다는 것이었다. 그 순간 나의 두 눈에서 눈물이 쏟아질 것 같아 간신히 참아가며 침착하게 말했다. 나는 그렇게 등록금이 비싼 사랍대학은 생각해본 일이 없고 공립대학을 생각하고 있다고 했더니 이선생님, 대단히 실망스러운 표정이다. 지금까지 그렇게 밝았던 모습은 갑자기 없어지고 어딘지 모르게 침울해 보이는 표정으로 한참 동안을 말없이 앉아 있더니, 그러면 두달 후에 다시 만나자는 말을 하고 날짜와 시간을 조그마한 메모지에 적어주며 아이와 엄마와도 잘 상의해서 다시 만나자는 것이었다.

일어나 그 방을 나오려니 발이 어찌나 무거운지 한걸음 한 발자국이 왜 그리 힘이 들었는지! 직장으로 향하는 차를 운전하면서도 아비의 무능력을 한없이 원망해 보았다. 그러나 현실은 역시 현실, 아무리 생각해도 내 수입으로는 도저히 그 비싼 등록금을 감당할 자신이 없었다.

며칠을 혼자서 생각하다가 하는 수 없이 아들과 상의를 했다. 며칠 전 학교에 찾아갔었는데 이런저런 말을 카운슬러와 나누었다. 그리고 아빠의 입장을 자세히 설명이라 할까 변명같은 것을 말하니 눈치 빠른 이놈이 아빠한테 짐을 지워줄리 없다. 아무 대학이나 가면 어때 하며 누구는 어느대학, 누구도 어느대학, 하며 유명인사 몇 사람의 학력을 대어주며 도리어 위로까지 해주려 하지 않는가. 참으로 고마운 순간이었다. 나는 내심 이 말을 꺼냈다가 그 사립대학에 가겠다고 고집하면 어떻게 하나? 했는데 이렇게 빨리, 그것도 즐거워 보이는 듯한 말로 받아주니 어찌나 고마운지!

두달 후 다시 학교에 가서 우리의 결정을 카운슬러에게 전하고 돌아오려니 여전히 아쉽고 부끄러운 마음은 도저히 버릴 수가 없었다. 남들은 과외공부를 시키기도 하고 돈이 있는 부모들은 학교에 기부금을 많이 내면서까지 그 대학에 보내는 현실에 제 실력으로 갈 수 있다는데도 보내지 못하는 아비의 마음, 쓸쓸하고 비참함까지도 느껴보았다. 그러면서도 아이들 교육 때문에 미국에 왔다고 다시 말할 수 있을까? 이런일 이후부터 내 입에서 아이들 교육문제로 이곳에 이주해 왔다는 말은 지금까지 해 본 일이 없다.

비참하다 못해 모멸감마저 느끼며 살아온 시간들이 몇 년이었을까? 부모란 아이를 낳아서 길러주는 것 만으로 그의 의무가 끝나는 것은 아닌 것 같다. 하느님께서 우리에게 주신 아이를 인격자로 다듬어 만들고 교육은 물론 이 사회에 공헌 할 수 있는 일원으로 만들어 놓는 것 그리고 화합하여 가정을 이끌고 살아가는 끝까지를 돌보아 주어야 할 의무를 준 것이지 내가 낳아 길러주었으니 그 댓가를 지불해야 한다고 요구할 권리는 없는 것 같다. 다만 말할 것이 있다면 네 부모에게 조금이라도 감사를 느낀다면 너의 후손들에게 최선으로 행하며 네 주위를 돌아보아 부끄러움이 없는 삶을 살아라 라고 말해주고 싶다.

아버지 날 딸과 같이 선물도 많이 사주고 현금도 많이 주었으면 좋았겠지? 며느리가 식사를 같이 하지 않았어도, 선물이 없었어도, 현금이 없었어도 저들이 행복하게만 살아준다면 지금은 잉여인력이 되어 살아가는 나로서는 만족할 뿐이야, 하며 말끝을 맺으려 하는데 달리던 차가 집으로 들어가는 마지막 골목길로 들어선다.

두 주일쯤 지나 그이의 생일이 다가왔다. 아들과 딸이 이번에는 아들의 집에 모여 생일파타를 하겠다고 초대를 했다. 시간에 맞추어 집에 들어가 보니 정성껏 차린 음식이 눈에 띈다. 조금 있으니 할머니 할아버지를 보기만하면 낯이 설어 고개를 돌리며 울어대던 손녀가 달려나와 품에 안긴다. 예술적 감각이 남다른 며느리의 집안 진열도 돋보인다. 아들이 아빠생일에 맞추어 그릴도 새로 장만하여 처음 사용해 보는 것이라며 어깨를 으쓱해 보인다.

여러 가지를 많이 먹었다. 생일 케이크까지 먹고 나더니 그이가 아이들한테 당부한다. 이것으로 아빠의 생일은 끝이다. 내년부터는 생일이라는 말도 하지 말고 그냥 지나가자는 것이다. 이유인즉 생일이라 하니 전과 같지 않게 한 살 더 먹는다는 이상한 거부감 같은 것을 느낀다는 것이다. 그러면서 지갑을 열어 백 불짜리 하나를 손자에게 건네주고 집을 나서면서 아들이 건네준 하얀 봉투에서 카드만을 꺼내고 현금은 그대로 봉투에 넣은 채 식탁위에 놓으며 아이들 장난감이나 사주라는 부탁을 하며 쓸쓸히 집을 나선다.

Father's Day

One day my daughters and son invited us for dinner, and I suggested to my husband that we should eat together with them. He asked if it was a special day, and I said it was Father's Day! He said he had not known there was such a day. We left for dinner at one of the nearby buffet restaurants, looking forward to seeing our grandchildren.

Two daughters and two grandsons welcomed us, but our son and daughter-in-law were not there. We then started to eat together, even though they had not appeared. My husband kept looking at the entrance for a while and said to me that he wondered how our son could keep a schedule in court because he was always so late to our appointments. I said he was probably doing very well at it since he had been able to keep his position as a Federal Prosecutor without any problems.

Sometime later, our son arrived with his son. Of course, we asked him where his wife was. He said that our daughter-in-law had no appetite and that our granddaughter had wanted to stay with her mother. My husband made a little wry face. In fact, she had been the first one to suggest getting together that evening, and yet, she had not even appeared. My husband seemed to be worrying that something was wrong with her. After dinner, one of my daughters suggested that we should stop by their home, so we all went together.

Children were happily running around the house. They spoke fluently in both English and Korean. My husband said he was a little tired, and then our daughter brought a gift to my husband saying 'Happy Father's day' and gave him an envelope and said to have tasty foods whenever he wanted it. He, as usual, was a little offended to receive it, but he had to receive it because he felt forced. On the way home, I asked him what had he received from our son, and he said nothing. He seemed a little sad then.

On our way back home, he said he felt so sorry to our children that he had not been able to help them with their needs when they had been younger. He had not been able to buy everything they had wanted. He suddenly could not continue his words. I told him that we had done our best and that they were enjoying a good life, which was more than enough!

He continued:

"When our son was three and we were living at an apartment, I saw that a big glass window had been broken when I returned home after work. I asked my son, and son answered that since he could not hear his friend's voice through the window, he broke the window with a hammer to hear and talk with him. I used to leave him at home, locking the doors and windows to prevent him from getting out of the house, whenever we left for work. He had wanted to play, or at least to speak with his friend through the window. I fixed the window and thanked the owner for not reporting it to the police. It was a crime to leave a child at home alone in this country. It was really a scary memory! I knew it had been against the law to leave child alone at home whatever reason. However, we could not stop doing it, as we had to support our family and earn money to maintain our lives.

One day, a policeman called me to pick my son up from the police station sometime during his first grade in elementary school. The policeman did not tell me why he was there, but just told me to take him home. When I went the police station, he was sitting with his friend, Mel, in a corner. In fact, they had been in one of the women's restrooms together and a woman had called the police. I asked him why he was there, but I could not get an answer from him. I could do nothing, but tell him not to play with Mel anymore. I thought I had to give him some pressure so that he might become a better person. I told him that when he returned home from school, to take food from the refrigerator, watch T.V. or read books and to just wait for me. To emphasize my order, I added that if he did not do as I told, he would be probably taken to an orphanage. He must have been scared hearing these words, or, at least, thought to obey his father, since he did not make any problem since then. It was really so hard for me to watch him struggling, that you can not even imagine!"

He worried whether he had his key hanging from his neck, whether he was not able to get into the house and had to sit in front of the door because of losing the key. The only time he felt easy was when he could see his boy sleeping peacefully in bed after he returned home. I could not say anything. He said he had came to this country dreaming to live a better life and raise children better, but the new world had not been as beautiful as he had thought, which made him feel very sorry to me and our children.

He said he recalled his parents who gave birth to and raised seven children. Because he had been too young, as he was the youngest boy, he did not know how his parents lived in Japan. "I could imagine that the people of colonial Korea had lived in bad conditions, both in their own country and in a foreign country, especially in a conquering country. They certainly were living like slaves but, they wanted their descendents to live a better life and suffered a lot of pains. He said his heart felt like bursting out whenever he recalled his parents. Whenever he would see a key hanging from his son's neck, he wished to shout to himself, "You are a pretender!" Work hard and be a patriot for the country, and we will not be hungry any more. What good will it be when hard work only leads to heavy mortgages tomorrow? Isn't this always claimed by communists? Is it right to let our children suffer, saying that it is for the sake of securing a better future? He was not able to stop the sorrows from rising from deep in his heart.

During second year of senior high school, a school counselor wanted to meet with me. I was a little scared and asked if anything was wrong with my son. He did not answer and his son did not know either. I was relieved, but I was curious why I was called. When I went to the appointment, to a school I never been before, a woman of around sixty years welcomed me. She kindly offered a seat and started to talk.

"I wanted to discuss your son's future. Are you considering sending your child to college? And if so, which one are you thinking of?" I could not answer her question right away and hesitated for a while. She continued, "Your son is capable of going any school in the United States, therefore, we are ready to write a recommendation for entry to whatever university you want." She added while I was still hesitating, "He would have no problem entering 'H University' or 'Y University' as he has such a an ability and a good record of social activity." I said I was not able to send him to such an expensive university as we had not enough money. She looked so disappointed to hear my words and asked to meet again about two months later. She gave me a note on which the time and place of the appointment was written, and told me to discuss this with my wife and son. My feet were so heavy to get up and resented my incompetency so much. I returned home and discussed the meeting with my son and explained him my situation and asked what he wanted to do. He said he could go to any university and that he knew his friends had already decided, saying A is going B university while C had selected to D university, etc. Good children like him never betrayed his parents and wanted to remove any burden from his parents. I was worried he might say that he wished to go to one of the expensive schools. But, it was only a worry. I was able to meet the counselor again and told her our decision. I was not so relieved because I realized that we were no longer able to say that we were here to raise our children. I never could have told to any one that we came to United States to raise my children better at this land of promise since then. How long have we been living in such pain to raise our children? Parents' responsibility is not only to give birth, but to watch closely and lead them to devote their life under God. Children have some responsibilities to their parents, but parents should not force them.

Driving back home, he thought "What a good Father's Day I had today!" He continued, "It might have been better if I had more gifts, but how can we compare that to seeing our children living happier every day while we turn the last crossroad toward home."

About two weeks later on his birthday, we gathered again at our son's home. When we entered his home, our youngest baby granddaughter, who used to turn her head away from her grandfather, welcomed us with big smiles. Their home was beautifully decorated as if she were demonstrating a sense of art. Our son said he had set the grill for his father's birthday proudly.

We ate a lot of good foods and finally birthday cake, too. He told his children that a birthday party is no longer required and that no body should say even a word about birthday wishes because he would be feeling a little against it. Then he opened his wallet and gave a one hundred dollar note to his grandson. He pulled the birthday card out of the envelope and put the envelope on the table telling them to buy some toys for the baby, before leaving for home.

결혼, 할 것인가, 말 것인가

결혼이란 한 남자와 한 여자와의 사회적 계약이다.(물론 일부 다처주의 또는 일처 다부주의의 종교적, 지역적 차이는 있기는 하지만) 또한 결혼이란 법률적, 도덕적, 종교적 요소를 포함하고 있다. 우리 인간들은 아담과 이브 이후 끊임 없이 결혼이라는 미명 아래 동물적 욕구 충족과 종족의 번식을 위해 남녀가 한 가정을 이루고 살아왔고 또 그렇게 살아 갈 것이다.

우리가 숨을 쉬며 살아간다는 것이 선택을 한다는 것이 아니던가? 하물며 결혼을 한다는 것은 더더욱 선택인 것이다. 몇몇 예외는 있기는 하지만 대부분의 결혼은 선택임에 틀림없다. 무엇을 보고 선택하느냐에 따라 미래는 달라진다. 재력, 학력, 인격, 건강, 외모 등등 여러 이유가 있겠으나 프랑스 작가 잘바크에 의하면 잘 알고 있는 것 같지만 인간이 가지고 있는 지식 중에서 가장 빈약한 것이 결혼에 대한 지식이다라고 말 한 것을 보면 결혼은 그리 쉬운 것은 아닌 듯 하다. 서양 격언에 바다로 갈 때는 한 번 기도하고, 전쟁에 나아 갈 때는 두 번 기도하라, 그리고 결혼식장으로 갈 때는 세 번 기도하라는 말이있다.

결혼이야말로 행복의 근원지일 수도, 불행의 씨앗일 수도 있다. 쾌락(Hedone)을 위해서 결혼을 할까? 평화로운 마음(Ataraxia)을 가지기 위해서 일까? 이것도 저것도 귀찮으니 차라리 혼자 살겠다는 사람들이 점점 많아지고 있다. 결혼 적령기의 많은 사람들이 결혼을 하면 Utopia에 들어가는 듯한 꿈을 꾸는 사람도 있다. 이런 사람들일수록 자기 자신을 돌아보지 않는 경향이 많은 사람들이다. 권리와 의무는 항상 공존한다는 사실을 우리는 무한히 배워왔지만 실생활에는 적용을 기피해 보려는 것 또한 우리 약한 인간들인 것 같다. 그저 향락, 쾌락만을 생각한다. 그 다음에 따라올 허무함이란 지불 해야할 댓가는 전혀 생각지 않는다는 것이다.

인간이라면 누구나 향락, 쾌락을 배척할 사람은 없다. 그러나 이런 것들이 우리에게 행복을 가져다 주지는 않는다. 다만 행복 속에 이런 것들이 조그마한 요소로 존재해 있음을 우리는 알고 있다. 쾌락이 인간 본능이요, 욕망이라면 이것들이 감정의 지배를 받지 않게 노력하는 것이 자신이 해야할 노력이 아닐는지!

나는 어렸을 때 어머님한테 들었던 잊혀지지 않는 말씀 한마디가 있다. “갈림길에서 어느 길로 갈지 잘 모르겠거든 많은 사람들이 가는 쪽을 택하라”라는 말씀이셨다. 이 한마디는 미국에 이주해서도 잊혀지지 않아 운전을 하다가 확실하지 않은 갈림길에서는 차를 옆에 세워놓고 교통의 흐름을 따라 많은 차들이 가는 쪽을 택해 가고 보니 바른 길이었다. 물론 운이 좋았거나 우연의 일치였겠으나 나도 우리 아이들한테 몇 번을 말해준 기억이 난다.

요즈음 언론 매체를 통해 들리는 말로는 한국도 이제는 서구화 내지는 자본주의 진일보화로 국민들의 의식구조가 많이 달라지고 있다는 것이다. 그중에서 가장 염려스러운 것 중 하나가 결혼 적령기, 젊은 사람들의 결혼관인듯 하다. 그리 흔하지는 않지만 동성애를 즐기는 사람들도 그 숫자가 늘어나는 추세인 듯 하다. 동성끼리의 사랑(?), 좋다, 그르다 판단을 하지는 않겠지만 성서에 나오는 소돔과 고모라가 이것 때문에 멸망을 당했다는 기록을 보면 그리 바람직한 것은 아닌 것 같다. 어느 통계에 따르면 남성 동성애자의 평균 수명이 42세인 반면 남성 이성애자의 평균 수명은 75세였다. 여기에 많은 동성애자들(89%)이 성병에 감염돼 있다는 놀라운 사실이다.(이것은 미국의 통계임)

한편 한국 언론에 많이 오르내리는 여성 결혼 연령의 상향성이다. 자본주의, 자유주의의 팽창은 결국 여성의 지위를 좀 더 올려 놓았고, 여기에 여성은 과거 남성의 여성 소유주의적 결혼관, 가족관에서 탈퇴해 자기 소유적 가족관이 팽창해 우선 자신의 경제적, 사회적 위치 정립을 위해 열심히 사회 경쟁 속에서 뛰다 보니 결혼은 자연히 뒤로 미루어 지는 것이다. 많은 여성들이 결혼은 해도 그만, 안해도 그만(46%)이라는 사상을 가지고 살아가고 있다. 결혼 적령기가 지난(우리때의 계산으로) 30대 미혼 여성이 80만명(2010년 통계)이 넘는다고 한다.(대부분 직장 여성들이라 한다) 이들의 주장인즉, 결혼을 하면 고부갈등, 사교육, 거기에 남편 치다꺼리 등등 생각만 해도 골치가 아프다고 한다. 실제로 결혼한 직장 여성은 퇴근후 집에 돌아와 평균 3시간 30분 가사일을 하는 반면 남성들은 42분 가사일을 돕는다는 연구결과가 말해주듯이 아직도 한국에서의 남성 우위주의는 진행형이다. 그것을 부인하자니 세계에서 세 번째로 높은 이혼율(47.4%)을 자랑하게 됐다.

한국 속담에 구데기 무서워 장담그지 못하랴. 백짓장도 맞들면 가볍다라는 속담도 있다. 어떤 경우이든 결혼은 하는 것이 좋다라는 많은 우리 선배님들의 말이고 경험담이고 보면 나도 하는 것이 좋지 않을까 생각된다. 단지 돈, 명예, 생김, 이런것 보다는 결혼은 인격의 결합임을 명심해야 되겠다. 인생이 너와 나의 만남이듯이 결혼은 반드시 인격과 정신이 주체가 된 나의 만남이 아닌 우리의 만남이 된다면 얼마나 행복한 생활이 이어질까!

철학자 가브리엘 마르셀은 소유란 자아의 권력적 지배욕의 한 형태라고 갈파했다.

우리는 내가 너를 소유했다가 아닌 우리는 우리를 소유했다라는 사고, 이것이 모든 의문을 풀어주지 않을까?

부단한 인내와 양보와 지혜와 노력이 행복한 결혼으로 안내하겠지.

Marriage; To get or not to get

Marriage is a social contract between a man and a woman. Marriage is influenced by religion, moral, and legal factors depending on where the marriage is taken place and what religion influences them. Of course, some religions or some geographical locations influence or allow types of marriage polygamy or polyandry. We human beings have been getting married to satisfy natural desires for propagation since Adam and Eve, and it will continue.

We breathe to keep our lives because we choose to do so. Marriage is a selection, too. Most of marriage is accomplished by selection, although there are some exceptions. Each selection leads to a different future for a couple. Their financial capability, level of study, health, personal character, appearance, etc. are factors to be considered by the candidates or supporters. French writer Jabach said; "The least knowledge human have is about marriage although many think they have a lot about it." It seems selecting a good counterpart is very difficult. Western proverb said; "Pray once when sailing out of harbor, pray twice when you go to war, and pray three times when you are getting married.

The marriage could be a source of happiness or seed of unhappy life. Will you marry for 'Hedone (Pleasure)' or 'Atalaxia (Peace)'? Or, do you not marry because you do not want any of them? Many are expecting marriage to be at 'Utopia (Land of Happiness)' enjoying sexual fantasy. These persons are easily disappointed with marriage life and trying to escape from the marriage. You must always remember that the right and responsibility always come together. But, so many peoples are so weak that they are forgetting or at least pretending to avoid the fact. They only expect to get sexual fantasy and enjoyments. They do not think to pay its price or accepting a sense of futility they will experience. Every one want fantasy and pleasures, but, they will not bring happiness. We must know they are one of small factors of happiness, only, but not all. If the fantasy is one of the factors of happiness and natural desire, you deserve to enjoy it, but, you must try not to be controlled by the passion.

I remember my mother told me that if I am at a point I have no idea which way I should go, always follow wherever many persons go. The word remained in my head that when I lost my way on a road, I stopped side of road and watched other cars' direction and selected to a direction most cars were heading. It was always right direction for which I appreciate mom. I taught to my children, too.

I hear that Korean society were so civilized recently as western countries that their thought of life are changing, and so are trends of marriage, such as increasing age of marriage and same sex marriage, etc. phenomenon. Although I am not in the position to say anything about same sex marriage, it reminds me the famous incident of Sodom and Gomorrah that God had destroyed because the people of the town were so degraded by same sex marriages. It does not seem a good way of marriage as some statistics showed the average life age of same sex men were 42 years only while other sex men's average life was 75 years. On top of that 78 percent of same sex men were suffering sex related diseases. (Statistics of United States of America)

On the other hand, women's marriage age is increasing year by year. It looked like liberty and materialism improved life of women, thus, women gradually grew up along with self sufficiency, thus, causing decrease of men's superiority. 46 percent of women are considering marriage only when there are confidence to obtain happiness, otherwise do not matter even not able to marry. The statistics of 2010 showed that there were as many as 800,000 women over 30 (which age was considered to be maximum age of marriage at our time of marriage or about 50 years ago) remained as single. They claim that there are so much headache matters when getting married, such as difficult relation with mother-in-law, staying home preparing every day meal, caring emperor minded husband, raising kids, difficulties of social life, etc. They claim that while women spend three hours and 30 minutes in average for works in home while men spend only 42 minutes. Although men do not agree and is trying to solve the problem, but they could not justify it as statistics of divorce ratio of Korea is as high as 47.4 percent which is third place in the world.

Korean proverb says: “Shall we not produce Soy Bean Paste because of maggot?” and “It is lighter when you hold a sheet of paper together.” Therefore, I would like to say marriage is good for you regardless of the statistics because it is coupling of personal characters and managing life together. How happy a marriage will be which is not for fantasy, but, for sacredness, and not for you and me, but, for both of us.

Philosopher Gabriel Marssaire said; “Property is one of kind of ruling desire of power.” Can’t we resolve problem when we change from ‘Property of YOU or ME’ to ‘Property of Both of US’? I am sure the continuous patience, concession, wisdom, and endeavor can guide us a happy marriage!

잠자는 밍크 코트

북녘에서 찬 바람이 불어오면 제일 먼저 생각나는 것이 어떻게 하면 몸을 좀더 따스하게 감싸 주어야 할까? 하는 마음은 인간이라면 누구나가 가져보는 마음이다. 눈보라가 휘몰아 쳐올때면 영화에서나 책에서 보았던 털가죽으로 온 몸을 싸 감고 광활한 설원을 달리는 에스키모인을 연상해 본다. 에스키모라는 뜻은 날고기를 먹고 사는 사람들이라는 뜻으로 야만인이라는 내용을 같이 담고 있다고 한다. 우리가 알고 있는 에스키모인들은 야성적이며 용맹스러운 민족으로 기억이 되어 있다. 야생동물을 잡아 먹고 그 가죽으로 옷을 만들어 입고 살아가니 그들 나름대로 자신들의 문명을 이루고 종족을 이어가는 지구상의 또 하나의 집단임에 틀림없다. 야생동물을 잡아 날것으로 먹고 살아간다고 해서 야만인이라 불리어지는 사람들의 집단, 이 지구상에는 조금씩 다르기는 하지만 날고기를 먹는 사람들은 얼마든지 볼 수 있으며 동물의 가죽을 벗겨 몸에 걸치고 다니는 사람들도 수 없이 많다. 우리가 어렸을 때는 털옷을 몸에 걸쳤다 하면 경제적으로 부유함의 상징으로까지 여겨진 것이 기억에 남아있다. 특히 밍크코트하면 아무나 입어

볼 수 없는 선택받은 귀부인들의 상징이 아니었던가? 그런것이 나같은 사람도 몇 개를 가지고 있는 것을 보니 시간이 흐르고 세대가 바뀌어진 지금에 와서는 옛날과 같은 취급은 받지 못하지만 그래도 어려서 그렇게도 소유하고 싶었던 것 중 우선 순위 상위에 속해 있었던 것이라서 그런지 그리 많은 돈을 소비하지 않고도 소유할 수 있으니 세상 많이 달라졌다고나 할까? 그런데 그 코트들이 몇 년 전부터 아무리 추워도 옷장에서 나오지를 못한다. 기온이 떨어져 무슨 코트를 입을까? 하고 옷장에 들어가 보면 역시 제일 먼저 눈에 띄는 것이 밍크 코트인데 차마 이, 삼십년 전과 같이 무감각적으로 꺼내 입을 수가 없다. 나는 그 코트들을 볼 때마다 동물 애호가들의 외치는 소리도 귀에 쟁쟁하지만 밍크 농장 좁은 공간에서 운동도 못하고 살아가는 어린 밍크들이 머리에 떠오르곤 한다. 몇 년전 우연히 한 기록영화에서 본 밍크 농장은 나에게 깊은 감동을 주었다. 유럽 특히 덴마크나 네델란드에 많은 밍크농장은 전 세계의 60%정도의 밍크가죽을 공급한다는데, 사육방법이나 가죽을 만드는 과정이 너무나 처참해 보였다.

유럽 6000여개의 밍크농장에서 한 해에 사람들의 추위의 방패(?) 내지는 사치의 용품(?)을 위해 죽어져야 하는 밍크는 대략 4천만 마리가 된다고 한다. 여기에 다른 동물들이 수백만 마리… 아주 좁은 공간에서 자란 밍크는 가죽을 남기기 위해 완전히 죽이지도 않고 실신만 시킨 상태에서 가죽이 벗겨진다. 여기서 인간들의 또 다른 면을 느낀다. 인간을 만물의 영장이라 말한다. 그것은 일백조 넘는 세포와 열일곱개의 원소로 만들어진, 서서 두발로 걷는 동물이어서가 아니라 인간들에게는 지성이라는 위대한 정신력이 있기에 지상의 어느 동물보다 환경에 가장 잘 젖응하고 다른 동물들을 지배하며 살아가고 있지 않은가. 그래서 인간을 존재의 주인이라 하지 않는가! 그렇기에 인간은 피지배인 다른 동물들에게 그렇게 잔인해도 된다는 이론인가? 완전히 죽여서 가죽을 벗기면 가죽의 부드러움이 덜하다 하여 실신상태에서 처리한다고 한다. 이것이 어찌 동물에게 뿐이랴. 역사를 보면 사람들에게도 비슷한 사건들을 찾아볼 수가 있지 않은가!

인간에 대해 아는 것이 많으면 많을수록 사람은 개를 칭찬하게 된다는 어느 철학자의 말이 생각난다. 다행하게도 미국은 몇 년전(2000년)에 개와 고양이의 가죽 수출입을 법으로 금지 시킨 바 있다. 코트 하나 만드는데 70여 마리의 밍크가 죽어야 한다니 몇 백마리의 밍크에게 감사(?)하며 오래오래 깊은 잠 재우고 싶은 겨울이다.

Sleeping Mink Coat

When wintery wind blows from north, we worry how to warm our body first which is quite normal for human. When we meet windy snow blowing winters, we remember the scenes of Eskimos wearing thick fur coat and struggling to catch wild animals under extremely cold weather in movie pictures or books. The word 'Eskimo' means 'people eating raw food, thus, uncivilized people'. However, 'Eskimos' were known to us as wild and brave people. They are another group of people in this world who catch wild animals to prepare their foods with meat and their cloths with skins of the animals creating another kind civilized culture and propagating their people. 'Eskimos' have been contemptuously treated as uncivilized people because they eat raw foods and wear skins of wild animal. There are so many people in the world who eat raw meat and wear skins of animals. We remember when we were young that persons with fur coat were known as wealthy persons. Especially "Mink Coat" had been considered as symbol of wealth and women whoever worn these coats were considered as noble women. It was not easy to have one of them because of cost while we were young, however, it became so popular and cheaper recently that it is not hard to purchase one. When the cold season approaches, I open the closet and my sight goes to the mink coat. I hesitate taking it out because not only I am influenced by the members of society for prevention of cruelty to animal, but also I myself have seen the scene of mink farm in which minks were grown miserably in a crowded space. There are as many as 6000 factories in Europe that make mink coats, especially Netherland produces 60% of world requirement which followed by Denmark, and their way of mink production and coat manufacturing processes looked so miserable. I found another face of human beings. It is said that; "Human being is the lord of all creatures". It is because the human being's spiritual knowledge and leadership, not because human being is consisted of 100 trillion cells and 17 atomic elements and walking upright. It does not mean human can do anything over creatures because they are under human's control. The factory manager said that their skins were peeled off while they were half dead because they are tender. How about other animals? We know there were many such cases for human beings. I remember some philosopher said; "That the more you learn about human being, the more you praise dog." Fortunately, United States passed a law that no skins of dogs or cats shall be exported in 2000. It is said that about 70 minks are required to make one coat. We can do nothing, but, appreciate hundreds and thousands of minks making us warm in this cold winter.

여자에게 평범한 남자

얼마전 월간 잡지 하나를 읽다가 좀 색다른 느낌을 받는 제목을 보고 읽어 나가기 시작했다. 제목은「같이 살아 보고 싶은 사람」이라는 여론 조사 분석 내용이다. 우선「여자가 같이 살아보고 싶은 남자상」1위는 지극히 평범하지만 늘 변하지 않는 마음으로 사랑해 주는 남자였다. 처음 읽었을 때에는 그저 세상이 하도 어지러우니 여자들 마음도 욕심없이 그저 소박한 마음들이구나 하고 다행한 점은 젊은 여성들의 매우 현실적이며 미래 지향적인 사고가 아닌가? 하고 마음으로 흐뭇하기까지 했다. 그런데 글을 다 읽고 나니 마음이 깨끗지 않아 이것저것을 생각하다가 나의 눈이 '지극히 평범하지만'에 다시 닿는다. 평범하다는 말은 그저 나와 같이 이름없이, 이렇다 할 공직도 없이 큰 돈도 없이 그저 하루하루를 보통으로 살아가고 있는 사람들을 지칭하는 말로 알고 있는데 여기서 말하는 '지극히 평범한'이라는 말의 뜻에 내가 알고 잊지 않은 더 깊은 뜻이 있는 듯 하여 어떤 사람이 한국에서 평범한 사람으로 인정을 받나? 하고 찾아 보았다.

우선 여성들의 의견이 궁금하여 여성의 설문조사 결과를 보니 그들에게 평범한 남자는 (1)대학을 졸업해야 하고(96%) (2)신장이 180cm는 돼야 하고(49%) (3)거주공간은 최소 전세는 살아야 하고(55%) (4)연봉은 5천만원은 되어야 평범한 남자의 카테고리에 속한다고 응답했다는 것이다.

한국을 떠나 온지가 40년 넘었으니 이런 수치가 나의 마음에 닿아줄 리가 없다. 다만 이 숫자를 바라보노라니 첫 봉급을 받았다고 으쓱대며 월급 봉투를 주기에 펼쳐보니 6300원이었던 기억이 지금도 생생하다. 그것을 들고 들어오는 남편은 한없이 밝은 표정이었고 그것을 받아 세어 보는 마음은 한없이 뛰며 행복해 했던 심장의 박동 소리는 지금도 들리는 듯 행복의 한 장으로 남아있다.

너무도 바쁘게 살다보니 전, 후, 좌, 우를 분간 못했고 이제는 평범한 인생의 틈에도 끼지 못하는 느낌이다.

여성 상위 시대를 외친다. 그러니 당연히 남성들의 여성 의존도 또한 높아간다. 미혼 남성 62%가 여성이 집을 소유했거나 전세사는 여성과 살기를 원한다. 시인 백낙천은 사람이 태어날 때에 여자의 몸으로 태어나지 말라, 백년의 고락이 남한테 달려있다라고 말한 것을 지금의 여성들에게 말해 준다면 그들이 어떤 반응을 보일까? 누엇이든 너무 빠른 변화는 바람직하지 못하다. 그것은 결국 혼란을 가져올 수 있으며 자못 지식인들의 자아 상실로 이어질 수도 있기 때문이다.

덴마크의 격언에 귀머기리의 남편과 장님의 아내는 행복한 부부다. 라는 말이 있다. 그런데 지금 한국에서는 귀머거리의 아내와 장님의 남편이라야 행복한 부부라는 말은 얼마든지 들을 수 있다고 한다.

이혼율 1위, 자살율 1휘, 저출산율 1위(2009년 OECD국가 중에서) 세가지 부끄러운 세계 1위 자리를 차지하고 있다. 이것은 유사이래 남성들의 소유였던 공이 여성들에게 넘어감에 따른 남성들의 지렛대의 반작용인 것 같다. 그러나 한국 어머니와 아내들은 참으로 강하고 현명했다. 성공한 남성의 뒤에는 반드시 두터운 아내의 힘이 있었고, 훌륭한 젊은이 뒤에는 말없이 희생한 강한 엄마가 있지 아니한가!

또 이 잡지에 의하면 여성들은 이렇게 외친다. 우울할 때 꽃 한다발 내밀며 나를 위로해 주는 남자, 눈이 마주치면 싱긋 웃어주고, 실수는 말없이 눈감아 주고, 살며시 손만 잡고 자도 행복해 하는 남자, 떡볶이를 사들고 퇴근하는 남자, 아내를 위해 아침 식사를 차려 놓고 나가는 남자, 젓가락질 못하는 나를 위해 식당에서 포크 없습니까? 하고 물어봐 주는 남자, 한달에 하루 나에게 휴가를 줄 수 있는 남자, 영화나 책 내용을 다이어리에 적어두고 함께 이야기 나누는 남자, 이런 남자가 한국 현대 여성에게 지극히 평범한 남자요, 이런 남자라야 한국 보통 여자에게 통한다는 사실, 우리 이민 일세들도 알고 살아가면 생활에 도움이 되지 않을까?

An ordinary man to a woman

I was rummaging a monthly magazine and noticed a special column and began reading the column. The subject was an analysis of a result of a survey of public opinion about 'The one whom I wish live together.' The first of 'A Man with whom a woman wished to live together' was 'A man who are extremely ordinal but love with never changing mind.' I thought it was a simple and humble thinking of young generations because the society was so scary, and it is a realistic and future oriented solution. However, I was not so clear what does that mean. And my sight went to a word of '…extremely ordinal …' again. I thought the term 'ordinal life' means to live with loved one even though they do not have much money or public positions. I started checking what kind of person is ordinal. They think the ordinal persons are those who (1) graduated college (96%), (2) is 180cm or higher (49%), (3) has living space of full deposit (55%) and annual income of at least 50,000,000 won.

I never understood such numbers since I left Korea 40 years ago. I remember that my husband brought me an envelope with 6,300 won in for a month salary, yet, my husband was so proud of it. I was also happy with it. Isn't it a real ordinal life we should look for? When women shout upgraded women generation, men become weaker and depending women that 62 % of single men are looking for a wealthy woman who own a house or rent with full deposit. What if we tell present day women that a Korean poet Baek Nak Cheon said; "Women, you shall not be born to this world as 100 year pain is waiting for you." What do you think their response will be? It is not desirable being change too fast. It will eventually bring the society disorder and loss of self conscience.

There is a proverb that; "living deaf husband and blind wife is the happiest couple." We hear such word in Korea frequently and in fact it is true. We have shameful records among OECD countries that are number 1 on divorce rate; number 1 on suicide rate and number 1 on birth rate. It is a result of that ball handled by men went to women, and men are too weak to take it back. However, Korean women and mothers used to be very strong that they will overcome the crisis wisely. There were women behind famous men, and mother behind successful men.

And, women in the magazine are telling; "An ordinary man comforts giving a bunch of flowers; smiles whenever eyes meet; disregards when mistakes are found; being happy when his hands were grabbed; brings a favorite rice breads from work; cooks breakfast for his wife before leaving for office; asks a waiter to bring folk for his wife who are not used to use chopsticks; provides one day off from household work per month; and take notes about contents of movie or book and talk with his wife. This ordinary man can survive from the society of women superiority. It will be certainly advantageous for first generations of immigration society, too.

페스탈로치의 비문

"여기에 하인리히 페스탈로치가 누워있다. 그는 빈민의 구조자, 민중의 설교자, 고아의 아버지, 국민학교의 창설자, 인격의 교육자, 인간 크리스찬, 시민, 모든 것을 남을 위하여 했고 자기자신을 위해서는 아무것도 아니했다. 그의 이름에 축복이 있으라"

호랑이는 죽어서 가죽을 남기고, 사람은 죽어서 이름을 남긴다는 한국의 속담이 있다. 여기에 꼭 맞는 사람이 페스탈로치가 아닌가 생각된다. 동서고금을 통해 그 누가 이런 위대한 이름을 남기고 세상을 떠났을까? 그 누가 이렇게 아름다운 비문을 자연스럽게 남겨 놓았을까? 어린 아이들을 작은 어른으로 보지말고 하나의 인격체로 보고 또 그렇게 해야 한다고 세상에 외쳤고 행동했던 사람, 목사 할아버지, 의사 아버지를 가졌던 페스탈로치는 의사인 아버지보다는 목사인 할아버지의 영향을 많이 받아서인지 사랑이 교육의 본질이다라고 외쳤으며 지식전달 목적이 아닌 인간학교를 외쳤다. 길거리에서 깨어진 유리조각을 주웠다는 이야기는 너무도 유명한 어린아이 사랑의 실천 운동이었다는 것은 너무도 잘 알려진 이야기이다. 사랑이 지식 전달보다 한발 앞서 가야 한다고 외쳤던 그가 인간의 성격은 하나의 작품이라고 생각한 것도 그의 사랑 철학에 근간을 두고 있지 않는가. 어린 아이때부터 성격을 만들어 갈 수 있으니 어린이의 인격을 존경하고 다듬어 사랑으로 가꾸어 준다면 사랑의 열매가 머지 않은 장래에 맺혀질 수 가 있다라고 말하고 있지 않은가.

나는 가끔 언론을 통해 한국 교육 현장을 듣기도 하고 보기도 한다. 학생과 여교사간에 서로 머리채를 움켜 잡고 한 덩어리가 되어 뒤범벅이 된 현장, 참으로 눈으로 볼 수 없는 광경이었다. 티끌만한 존경심, 눈꼽만한 사랑이 그곳에 있었으면 그런 현상을 볼 수가 있었을까? 대한민국 국민교육 헌장을 읽어보니 "나라의 융성이 나의 발전의 근본임을 깨달아…" 라는 글이 쓰여져 있다. 80여명의 한국의 유명 교육자, 정치인들이 지혜를 모아 만들어 놓은 글이니 감히 여기에 토를 달 수는 없겠으나 나의 비천한 사고로는 "나의 발전이 나라를 융성하게…" 라는 글로 바뀌었으면 하는 바람이다. 나의 행복이 국가의 발전이요 건강이라고 표현할 수 있는 세상은 만들어 지지 않을까?

국가가 건강하고, 행복하고, 발전해야 국민이 행복하고 건강해 질 수 있다는 말은 역사를 보면 많은 독재자들의 정권에서 전유물처럼 사용되어 온 문구인 듯 싶다. 그런데 비슷한 내용을 국민교육헌장에서 읽어보는 것 같아서 입맛이 씁쓸하다.

한국과 같이 교육열이 높은 국민들은 죽기 아니면 까무러치기로 아이들 지식 흡입교육에만 열중을 한다. 그렇게도 잘 살게 되었다고 외치지만 말고 어린 아이들의 인성교육부터 조용히 실행에 옮길 수는 없는 것일까? 한국 고등학교 학생들의 대학 진학률은 세계 최고인 82%가 된다.(일본 50%, 미국 40%, 독일 30%), 이 현상은 물론 국가의 힘이요 경쟁력일 수도 있다. 더더욱 재미있는 것은 졸업 후 자기 전공을 살리어 취업을 하는 사람은 2%밖에 안된다는 사실이다. 미국의 대통령까지도 한국의 교육을 칭찬하는 것을 화면을 통해 본 기억이 있다.

이것은 오로지 지식 전달의 장소로서의 교육 장소의 지칭일 뿐 인간 학교를 지칭하는 것은 아님을 우리는 잘 알고 있다. 그러나 잘 교육되고 훈련된 현명한 젊은이들이 많기에 동방의 해뜨는 나라, 남을 좀더 배려 하는 젊은이들이 존경받는 사회가 되었으면 한다. 어려서부터 사랑의 결핍증에 신음하지 않고, 지식 과잉섭취증에 허덕이지 않는 학교, 사랑이 교육의 시작이요, 끝임을 모두가 알아서 한국에서도 페스탈로치의 비문과 같은 비문을 보고 싶은 마음 간절하다.

An Inscription of Pestalozzi

"Johann Heinrich Pestalozzi is lying here. He was saver of poor, preacher of people, father of orphans, creator of human school, educator of character, human Christian, citizen, and he worked hard for others not for himself. May God bless on his name."

There is a proverb in Korea; "Tiger leaves their skin while human leaves name after death." I think Pestalozzi was the exact person deserves the proverb. Who else are the great persons like him? Who else left the spontaneous inscription in the world? He stressed that children must be considered as a character not small person and took actions as well. His grandfather was a Christian reverend while his father was a medical Doctor. He was influenced by his grandfather and claimed "Love is essence of education, therefore, purpose of education should be 'Human School' not transmission of knowledge." The story of his picking pieces of glass on the road were famous incident of showing his love for children. He said that love must go ahead of knowledge transmission. He said that character of human is one of creations that are based on his philosophy about love. Because you can make characters from childhood, you must respect children's character and raise them with love. He was saying that the fruit of love would mature not too long ahead.

I hear about education status of Korea through public speech and my direct presence at the spots. Students attacking woman teacher in a classroom made me angry. I could not find any student's respect toward teachers, nor teacher's love for students from the scene. The Constitution of Korea Education says; "…Acknowledging prosperity of nation is basis of my development…" I understand that the constitution was written by 80 politicians and educators. It is my opinion that it must be written in such a way that "…My development brings prosperity of nation…" Can't we change to express 'my happiness is nation's prosperity and my health is nation's growth'?

Many dictators in the world kept on saying that the nation must be strong, healthy and happy to make its people live better. It is why I feel rather offensive to the sentence of the constitution. Most parents of Korea are excited for education of their children. I think this sort of excitement should end as soon as possible which is shameful when you look into quality of the Korean education. The entrance ratio for university in Korea was the highest or 82% compared to 50% of Japan, 40% of United States, and 30% of Germany. It is sad to know only 2% of them get job at their majored fields after graduation. I watched T.V. news that the President of United States praised education desires of Koreans one day. I am sure he was talking about knowledge transmission not education for "Human School" Pestalozzi stressed. However, I think the education desire of Korea gradually moves to "Human School" so that our country will become a real nation of "The East Land of Rising Sun" and many respectable persons will born from this land. Let us build a nation of love, so that we would produce many Pestalozzi's in the nearest future.

•

정영희 수필가는 서울 종로구 출생으로 중앙대학교 약학대학을 졸업 후 약국을 경영하다 1972년 미국에 이주, Pennsylvania주 교육국에서 약학 수료, 미 연방 육군병원 약국에서 근무했다. 조선문학 신인작품에 수필이 당선되어 등단했고, 순수문학에 시가 당선되어 재등단했다. 조선문학 이달의 수필가에 선정되었고, 해외문학 시부문에 당선되어 워싱톤 문인회 회원, 윤동주 문학사상 선양회 회원, 약사회 회원, 미주문에 동우회 수석부회장, 워싱톤 수필 문학회 회장, 중앙부동산 대표로 활동하고 있으며 중앙결혼정보회사 대표로 있다.

•

정영희 수필집

사랑과 행복

2012년 3월 20일 인쇄
2012년 3월 30일 발행

지은이 / 정영희
발행인 / 박진환
펴낸곳 / 조선문학사
등록번호 / 1-2733
주소 · 110-092 서울 서대문구 홍제2동 96-4
대표전화 / 730-2255
팩스 / 723-9373

ISBN 978-89-93614-85-5

정가 15,000원